AF453912

# E. DRIAULT

# NAPOLÉON I<sup>ER</sup> ET L'ITALIE

---

Extrait de la *Revue historique*,
Tomes LXXXVIII et LXXXIX, année 1905.

(*Les tirages à part ne peuvent être mis en vente.*)

---

## PARIS
1905

E. DRIAULT

# NAPOLÉON I<sup>er</sup>

# ET L'ITALIE

---

Extrait de la *Revue historique*,
Tomes LXXXVIII et LXXXIX, année 1903.

(*Les tirages à part ne peuvent être mis en vente.*)

---

PARIS
1903

# NAPOLÉON I<sup>er</sup> ET L'ITALIE[1]

---

## PREMIÈRE PARTIE

## BONAPARTE ET LA RÉPUBLIQUE CISALPINE

---

### I. — MARENGO.

Le 20 mai 1800, Bonaparte franchit le col du Grand-Saint-Bernard et coucha à Étroubles, dans la vallée d'Aoste[2]. Il avait avec lui la Légion italique, sous le général Lecchi, composée de réfugiés de toutes les provinces de l'Italie septentrionale qui avaient fui la vengeance des Autrichiens. Tous les cols des Alpes étaient occupés par les troupes françaises, du Saint-Gothard au Mont-Genèvre, de l'aile gauche de Moncey à l'aile droite de Thureau. Au pied des Alpes s'étendait, à perte de vue vers le soleil levant, l'immense et riche plaine lombarde, et la pensée de Bonaparte en reprenait possession.

Pendant qu'il était en Égypte, les Autrichiens et les Russes avaient refoulé devant eux les Français; Souvarov était allé perdre son armée parmi les précipices de la Suisse; mais le général autrichien Mélas demeurait le maître de toute la vallée du Pô; il tenait Masséna enfermé dans Gênes et poussait Suchet sur le Var, menaçait Nice et la Provence. Mais il s'attardait : il ignorait la proximité de l'armée de Berthier et de Bonaparte; il ne se gardait point contre elle. Le premier Consul le guettait et pressait le mouvement des troupes françaises; il les portait à marches forcées sur Pavie et Milan, enfermait les Autrichiens dans leur conquête, les enveloppait dans le petit bassin d'Alexan-

---

1. Le présent mémoire comprendra trois parties : 1° Bonaparte et la République cisalpine; 2° Bonaparte et la République italienne; 3° Napoléon roi d'Italie.

2. *Corr. Nap.*, t. VI, n° 4823.

drie. C'était comme la descente de Charlemagne dans le royaume des Lombards, au commencement de son règne; c'était le chemin de Rome, le premier trait de la restauration de l'empire d'Occident.

Le 2 juin, Murat occupa Milan et fit cerner la citadelle; le même jour, à trois heures de l'après-midi, le premier Consul y fit son entrée avec son état-major, « au milieu d'un peuple animé du plus grand enthousiasme[1]. » Cette apparition soudaine de Bonaparte sur les derrières de l'armée autrichienne, au cœur de la Lombardie, paraissait tenir du miracle et renouvelait dans l'esprit des habitants le souvenir de ses victoires de 1796. Quelques-uns d'ailleurs refusaient d'y croire, affirmaient qu'il s'était noyé dans la mer Rouge[2], que c'était un autre Bonaparte, un frère du vainqueur de Rivoli, car on savait que la Corse avait donné à la France toute une tribu de Bonaparte. On fut bientôt obligé de reconnaître le fondateur de la Cisalpine, et on fut généralement satisfait de son retour, car la victoire récente des Au'richiens n'avait pas été légère aux populations.

La République cisalpine n'avait pas été heureuse depuis 1707. Après avoir subi toutes les charges de l'occupation militaire, elle avait été rançonnée par les commissaires du Directoire, troublée par les querelles intestines qu'ils y entretenaient pour assurer l'influence française. Elle n'avait pas été mécontente d'abord du retour des Autrichiens; elle avait éprouvé la joie d'être délivrée de la chaîne française. La joie avait été courte; depuis Magnano, les Autrichiens faisaient régner la terreur sur tout le pays, persécutaient, chassaient, emprisonnaient ceux qui avaient de près ou de loin servi la France, tenaient les Milanais sous le bâton. Le gouvernement de la République cisalpine avait été dispersé; Milan n'était plus une capitale; elle était redevenue le chef-lieu d'une province autrichienne; elle sentait cette disgrâce et regrettait les Français.

Le premier Consul rétablit aussitôt une administration provisoire de la République cisalpine : « Pourriez-vous être insensibles », disait-il dans une proclamation aux habitants de Milan[3], « à l'orgueil de former une nation indépendante? » Il avouait indi-

---

1. *Corr. Nap.*, VI, 4861.
2. *Ibid.*, VI, 4855, 4865.
3. *Ibid.*, VI, 4885.

rectement la légitimité des plaintes dirigées dans les années précédentes contre le régime français : « La naissance des États est sujette aux orages, aux vicissitudes; les malheurs que vous avez éprouvés ne seront pas inutiles pour vous. » Mais il flétrissait les attentats commis par les Autrichiens contre les amis de la liberté et de l'égalité, le sénateur Caprara, le mathématicien Fontana, dans les fers pour avoir occupé des places dans la République, tous ceux qui avaient fait partie des municipalités, administrations départementales, corps législatif, ministère, arrêtés et enfermés dans des cachots. « Les horreurs qui ont été commises par les agents de l'Empereur à Milan sont sans exemple[1]. » Aussi le peuple cisalpin ne devait-il avoir que « de la reconnaissance pour la bravoure des phalanges républicaines qui assure à jamais le triomphe de l'égalité et de toutes les idées libérales. » Ainsi Bonaparte représentait de nouveau la cause de la Révolution et de l'affranchissement des peuples opprimés : c'était un des éléments essentiels de sa force, comme jadis de celle des soldats de l'an II.

Mais il ne lui plaisait pas de retomber dans les fautes précédentes. Le Directoire avait eu contre lui l'opposition constante, acharnée, des prêtres catholiques, appuyés sur le caractère croyant et même superstitieux de la plus grande partie de la population italienne. Mme de Staël se désole alors de l'ignorance des Italiens, qui se font bénir par un prêtre pour guérir de la rage et mènent leurs bêtes malades à saint Antoine; elle ne voit partout que prêtres et que mendiants; elle éclate en indignation contre ce « misérable ordre social[2]. » Il est certain que la religion avait conservé en Italie toute sa puissance; Bonaparte s'en était rendu compte dès 1796; il avait dès lors songé à un concordat avec le pape; il s'était convaincu de l'impossibilité de fonder un régime politique durable sans le concours de l'Église. Il serait curieux de rechercher comment les deux campagnes d'Italie ont peu à peu transformé cet athée jacobin en un restaurateur de la religion catholique.

Du moins, dès son retour à Milan, en juin 1800, il prit nettement parti en faveur de l'Église. Le 4 juin, il fit célébrer un *Te Deum* à la métropole de Milan « pour l'heureuse délivrance de l'Italie des hérétiques et des infidèles. » Il s'agit des héré-

1. *Corr. Nap.*, VI, 4864.
2. Lettres à Monti, citées par P. Gautier, *Mme de Staël et Napoléon*, p. 173.

tiques anglais et des infidèles musulmans avec lesquels la catholique Autriche n'avait pas eu honte de s'allier et auxquels elle avait criminellement permis « de profaner le territoire de la sainte Italie[1]. » Le même jour, l'administration provisoire de la République cisalpine, composée des délégués Marliani, Sacchi et Goffredo, annonçait à la population la réorganisation de la Cisalpine en une « nation libre et indépendante; » mais surtout elle donnait des assurances formelles au sujet de la religion : « Le libre et public exercice de la religion catholique sera conservé dans le même état qu'à l'époque de la première conquête de l'Italie. En conséquence, toute espèce d'outrage ou d'insulte contre la dite religion, ses ministres, ses rites et ses symboles, est défendue, ainsi que tout acte qui tendrait à en empêcher ou troubler en aucune façon quelconque le plein et entier exercice. Les infractions à la présente défense seront punies des peines les plus rigoureuses, même de la peine capitale, sur le jugement des autorités compétentes[2]. »

Le lendemain, Bonaparte réunissait les curés de Milan et leur adressait une longue allocution. Il y rappelait la cruelle politique du Directoire, et que lui-même en 1796, simple agent d'un gouvernement qui ne se souciait en aucune sorte de la religion catholique, il n'avait pas pu empêcher les désordres qui avaient été commis; mais il annonçait que la France, elle-même instruite par ses malheurs, avait enfin ouvert les yeux, qu'elle avait reconnu que « la religion catholique était comme une ancre qui pouvait seule la fixer dans ses agitations et la sauver des efforts de la tempête, » que lui-même il était philosophe et savait que « dans une société, quelle qu'elle soit, nul homme ne saurait passer pour vertueux et juste s'il ne sait d'où il vient et où il va, » et que la religion catholique est « la seule qui donne à l'homme des lumières certaines et infaillibles sur son principe et sa fin dernière. » — « Vous, les ministres de cette religion, qui certes est aussi la mienne, je vous regarde comme mes plus chers amis; je vous déclare que j'envisagerai comme perturbateur du repos public et ennemi du bien commun, et que je saurai punir comme tel, de la manière la plus rigoureuse et la plus éclatante, et même, s'il le faut, de la peine de mort, quiconque

1. *Corr. Nap.*, VI, 1882.
2. *Moniteur* du 21 prairial an VIII (10 juin 1800).

fera la moindre insulte à notre commune religion ou qui osera se permettre le plus léger outrage envers vos personnes sacrées. » Il ajoutait : « De toutes les religions, il n'y en a pas qui s'adapte comme la catholique aux diverses formes de gouvernement, qui favorise davantage en particulier le gouvernement démocratique républicain, en établisse mieux les droits et jette plus de jour sur ses principes. » Aussi proclamait-il son intention de « s'aboucher avec le nouveau pape pour lever tous les obstacles qui pourraient s'opposer encore à l'entière réconciliation de la France avec le chef de l'Église. » Et il consentait, il demandait plutôt que ces déclarations fussent imprimées et publiées afin que ces intentions fussent connues « non seulement en Italie et en France, mais encore dans toute l'Europe[1]. »

Quelques semaines après, un agent consulaire en Cisalpine, Charles Rulhière, constatait les premiers résultats de cette politique : « Le peuple attribue nos succès à la bénédiction de Dieu ; les habitants des campagnes, ainsi que la dernière classe du peuple de la ville, s'abandonnent à la Providence. Peu leur importe la forme du gouvernement ; ils aimeront celui qui leur donnera du travail et ne les troublera pas dans l'exercice de leur religion. L'un des curés de Milan qui a le plus d'empire sur les esprits et qui avait plus d'une fois montré publiquement de la haine contre les Français a dit en chaire, le premier dimanche après leur entrée à Milan, que, lorsqu'il priait le ciel de les éloigner de l'Italie, il redoutait en eux les ennemis de la religion, mais que, puisqu'ils avaient déclaré qu'ils la respecteraient, il fallait être sans inquiétude et remercier encore la Providence. »

C'était la première épreuve du concordat et des avantages que Bonaparte en espérait[2].

Après avoir pris ces soins urgents, Bonaparte acheva la campagne contre Mélas. Le 10 juin, Lannes coupa la retraite aux Autrichiens par la victoire de Montebello. Le 14 juin, la bataille décisive s'engagea à Marengo ; elle fut difficile à gagner ; elle fut même un moment perdue. Il fallut l'intervention soudaine et résolue de Desaix pour arracher aux Autrichiens la victoire qu'ils

1. *Corr. Nap.*, VI, 4881.
2. Arch. nat., AF iv, 1681. — Les principaux cartons que nous avons dépouillés pour ce travail aux Archives nationales sont, dans AF iv, les nᵒˢ 1681, 1707, 1708 et 1709.

tenaient déjà. Elle eut pourtant des conséquences considérables et confirma le régime politique que le premier Consul commençait à fonder à Milan. Par la convention d'Alexandrie, du 15 juin 1800, l'armée autrichienne se retira jusqu'au Mincio et laissa toute la Lombardie aux Français.

Il fut donc possible d'organiser le gouvernement provisoire de la République cisalpine.

Le 18 juin, malgré ce qu'en pouvaient dire les athées de Paris[1], le premier Consul assista au *Te Deum* que la ville de Milan fit chanter dans la métropole en l'honneur de la délivrance de la République et de la gloire des armes françaises. Il fut reçu à la porte par tout le clergé, conduit dans le chœur sur une estrade préparée à cet effet et celle sur laquelle on avait coutume de recevoir les consuls et premiers magistrats de l'empire d'Occident : ainsi s'exprime déjà le bulletin de l'armée[2]. La cérémonie fut imposante et superbe. Ce respect pour l'autel était « une époque mémorable, destinée à faire impression sur les peuples d'Italie et plus d'amis à la République. » L'allégresse était partout à son comble. Les Italiens disaient : « Si l'on fait ainsi de tous les pays, nous sommes tous républicains et prêts à nous armer pour la défense du peuple dont les mœurs, la langue et les habitudes ont le plus d'analogie avec les nôtres[3]. »

Bonaparte profita de ces dispositions dont ses bulletins pourtant exagéraient l'excellence. Une contribution extraordinaire de deux millions fut levée dans l'étendue de la République cisalpine. Elle devait être payée par les individus qui avaient occupé des places à la nomination du gouvernement autrichien ou qui s'étaient notoirement montrés les partisans de ce gouvernement; elle était destinée à payer, à titre de gratification, un mois de solde aux officiers, sous-officiers et soldats de l'armée française[4].

Le 17 juin, le gouvernement de la République fut confié provisoirement à une commission extraordinaire de neuf membres, représentée dans chaque département par un commissaire chargé de tous les détails de l'administration. Le même jour, un autre arrêté consulaire annonça la réunion à Milan d'une consulte

1. *Corr. Nap.*, VI, 4911.
2. *Ibid.*, VI, 4923.
3. *Ibid.*, VI, 4927.
4. *Ibid.*, VI, 4915. Arrêté consulaire, de Milan, 23 juin 1800.

de cinquante membres chargée de préparer l'organisation de la République[1].

Mais Bonaparte n'avait pas hâte de donner à la Cisalpine une organisation définitive; en septembre suivant, il invitait Talleyrand « à faire traîner en longueur, l'intention du gouvernement étant de ne pas donner à ce pays une organisation définitive avant la paix[2]. » Lorsque les hostilités recommencèrent en décembre 1800, la consulte fut mise en vacances avant d'avoir travaillé, « l'intention du gouvernement étant de n'avoir aucune espèce d'assemblée pendant la guerre[3]. » Il plaisait à Bonaparte de garder le plus longtemps possible toute autorité sur la Cisalpine; l'appui du clergé assurait la résignation du pays. Masséna fut nommé commandant en chef de l'armée d'Italie. Un ministre extraordinaire du gouvernement français fut établi à Milan et reçut tous les pouvoirs politiques et administratifs; il fut chargé de présider la consulte et d'approuver toutes les mesures prises par la commission provisoire de gouvernement. Cette mission fut confiée au citoyen Petiet, conseiller d'État, ancien ministre de la Guerre du Directoire, qui avait suivi l'armée depuis Dijon comme intendant général. Sous la haute autorité du premier Consul, il gouverna la Cisalpine, qui ne fut pas tout de suite une nation libre et indépendante[4].

L'armistice d'Alexandrie dura jusqu'à la fin de novembre 1800. Les négociations engagées pour la signature de la paix définitive entre la France et l'Autriche n'aboutirent point. La Cisalpine demeura donc sous la charge de l'occupation militaire, dans l'anxiété du lendemain. La guerre demeurerait-elle favorable à la France? Les Autrichiens n'allaient-ils pas revenir victorieux et prêts à se venger? Bonaparte avait frappé deux fois les amis de l'Autriche; l'Autriche n'allait-elle pas frapper une seconde fois les amis de la France? La Cisalpine allait-elle cesser d'être le jouet des armées et des gouvernements étrangers?

En attendant, il lui fallait nourrir les troupes françaises, et elles coûtaient cher sous le commandement de Masséna. Le

1. *Corr. Nap.*, VI, 4918-4919.
2. *Ibid.*, VI, 5050.
3. *Ibid.*, VI, 5217. À Talleyrand.
4. *Ibid.*, VI, 4917; Sorel, *L'Europe et la Révolution française*, t. VI, p. 180.

25 juin, en lui confiant le commandement de l'armée d'Italie, Bonaparte lui avait recommandé une « sévère probité[1]. » Dès le 13 août, Brune, chargé de le remplacer, recevait cette confidence du premier Consul : « Vous trouverez l'armée d'Italie dans une assez bonne situation ; mais la dilapidation y est à son comble, et les individus qui approchent le plus Masséna se trouvent les plus accusés. » Masséna était en même temps invité à venir directement à Paris ou à se retirer quelque temps chez lui pour jouir du repos qui lui était nécessaire ; on lui disait l'intention où l'on était d'employer son zèle et ses talents d'une manière différente et également utile à la République. On fut quelque temps avant de réaliser cette intention[2].

Il ne s'agit pas ici de faire le procès de Masséna ; mais il était inévitable que le pays cisalpin souffrît de la mauvaise administration de l'armée d'occupation. Il devait fournir aux troupes françaises deux millions de francs par mois et tous les approvisionnements qui leur étaient nécessaires, même des voitures, des vêtements, des souliers. Or, l'année fut mauvaise ; les récoltes furent en grande partie compromises par des inondations ; les champs, d'ailleurs, étaient en grande partie ruinés par deux années de guerre, la campagne de 1799 et celle de 1800, sans compter toutes les charges qu'il avait fallu, pendant trois ans, acquitter à l'égard des commissaires du Directoire. Beaucoup de paysans n'avaient pas de pain pour eux-mêmes et devaient fournir aux rations des soldats français. Les officiers ne se mettaient en peine que de la subsistance et du bien-être de leurs troupes ; ils avaient le souvenir de la fameuse proclamation de Bonaparte en 1796 : « Je veux vous conduire dans les plus fertiles plaines du monde. De riches provinces, de grandes villes seront en votre pouvoir ; vous y trouverez honneur, gloire et richesses[3]. » Ils continuaient à mettre l'Italie en coupe réglée ; ils la traitaient, le plus consciencieusement du monde, en pays conquis. Souvent les villes et les villages étaient dans l'impossibilité matérielle de suffire à leurs exigences ; les commissaires du gouvernement cisalpin en étaient rendus responsables, accusés de mauvaise volonté, arrêtés, maltraités, emprisonnés[4]. Il n'y a pas de différence entre

1. *Corr. Nap.*, VI, 1951.
2. *Ibid.*, VI, 5062-5063.
3. *Ibid.*, I, 91.
4. Melzi, II, 211 et suiv., 533 (lettre de Marescalchi à Bonaparte). — Francesco

cette administration du Consulat et l'administration précédente
du Directoire; elle excita les mêmes plaintes; Petiet y demeura
sourd comme ses prédécesseurs de 1707 et 1708; il eut l'opinion
que l'obéissance des populations pouvait être le mieux assurée
par la terreur; il traita les plaignants comme des rebelles et les
fit passer pour tels aux yeux du premier Consul, qui, lui-même,
n'admettait que la soumission sans phrase et sans réserve. Le
8 octobre 1800, il reçut dans son cabinet des députés cisalpins
qui, très humblement, voulurent lui dire le dénûment de leurs
concitoyens et solliciter un traitement plus généreux. Il se mit en
colère, éclata aussitôt en paroles violentes qu'on entendait de
l'antichambre, les accusa de mentir, de n'avoir que de mauvaises
intentions, de ne chercher qu'à causer du désordre, leur déclara
qu'il ne le permettrait pas, qu'il supprimerait tous les pouvoirs
civils en Cisalpine, qu'il les mettrait sous la férule d'un rude
général, que le peuple n'avait pas le droit de se plaindre, qu'il
ne devait se mêler que de faire des souliers[1].

Et même c'était des souliers pour les Français.

Selon lui, la Cisalpine devait s'estimer très heureuse d'avoir
été délivrée de la domination autrichienne; elle en devait de la
reconnaissance à la France et les souffrances qu'elle endurait en
étaient l'expression.

Du moins, les opérations militaires, après six mois d'armistice, achevèrent en peu de temps la « délivrance » de l'Italie.
Pendant que Murat occupait la Toscane et chassait les Napoli-
tains des États pontificaux, Brune franchissait le Mincio le
25 décembre et pénétrait au centre du quadrilatère. Il pouvait y
être retenu longtemps. Mais, à sa gauche, Macdonald accomplit,

Melzi d'Eril, *Memorie, documenti e lettere inedite di Napoleone I*<sup>er</sup> *e Beauharnais, raccolte e ordinate per cura di Giovanni Melzi*. Milan, 2 vol., 1865. —
La première moitié du premier volume est un récit de la vie de F. Melzi par
son petit-fils G. Melzi, qui renvoie d'ailleurs souvent aux documents et lettres
reproduits ensuite. La deuxième moitié du premier volume et tout le second
volume sont constitués par des documents, italiens ou français, extraits d'archives privées ou publiques de Milan, notamment les lettres de Napoléon à
Melzi, dont la plupart sont dans la Correspondance officielle; les lettres de
Melzi à Napoléon, dont beaucoup, non pas toutes, sont aux Archives nationales
de Paris; la correspondance de Melzi et Beauharnais, surtout à partir de
1812; la correspondance de Melzi et Marescalchi, et bon nombre de lettres
diverses et rapports, secrets ou autres, italiens surtout. C'est une source qui
nous a été très précieuse.
1. Melzi, I, 511.

malgré les neiges, une admirable traversée des Alpes centrales
par les cols fort pénibles du Splugen et du Stelvio; il tomba dans
la haute vallée de l'Adige, coupa aux Autrichiens la route du
Tyrol, menaça de les envelopper par derrière et les obligea
d'abandonner sans se battre la ligne de l'Adige. Le 15 janvier
1801, ils signaient l'armistice de Trévise, et, inquiétés par Moreau
dans Vienne même, ils se montraient enfin mieux disposés à
traiter. La condition de l'Italie du Nord allait être sans doute
réglée; les Cisalpins espérèrent la fin de leurs inquiétudes et de
leurs misères.

Le 3 décembre 1800, en effet, Moreau avait remporté la brillante victoire de Hohenlinden et, lentement, irrésistiblement, il
approchait de jour en jour de la capitale autrichienne. Il fut
arrêté par l'armistice de Steyer, et l'Empereur consentit à traiter
sans l'Angleterre.

La question italienne devait être une des principales à résoudre
et les Cisalpins espérèrent qu'ils y seraient consultés; leur seule
présence au congrès de la paix serait le signe de leur indépendance. Dès qu'ils connurent l'ouverture des négociations à Lunéville, entre Joseph Bonaparte et Louis de Cobenzl, ils s'agitèrent
fort pour y être représentés. Depuis Marengo, il y avait à Paris,
auprès du premier Consul, des députés cisalpins, qu'il consultait
parfois sur les intérêts de leur pays, ou plutôt qu'il étudiait dans
leurs passions et leurs rêves politiques pour préciser lui-même
en son esprit ses propres desseins et la politique la plus efficace.
Parmi eux, Marescalchi allait être attaché peu à peu, très étroitement, à la personne de Bonaparte, comme l'intermédiaire ordinaire de ses relations avec Milan. Lorsque les Cisalpins tentèrent
de se faire admettre aux conférences de Lunéville, ils mirent leur
confiance en Francesco Melzi, qui devait être, en effet, le principal champion de la liberté italienne contre l'absorbante ambition de Bonaparte : ces deux adversaires n'étaient pas d'égale
force.

Francesco Melzi d'Eril était né à Milan le 6 mars 1753. Il
appartenait à une famille considérable de cette ville, et l'impératrice Marie-Thérèse, qui cherchait à gagner l'affection de ses
sujets italiens, l'avait admis, en 1776, au rang de ses chambel-
lans d'honneur. L'empereur Joseph II n'avait pas les mêmes
scrupules de libéralisme; il n'avait aucune considération pour

les libertés provinciales; il prétendait unifier toutes ses possessions dans une sorte de pangermanisme où il n'y avait pas de place pour aucune autonomie. Melzi d'Eril ne put pas être le serviteur de ce régime; il n'était pas, d'ailleurs, d'un tempérament à y faire de l'opposition; il voyagea en France, en Angleterre, en Portugal, en Espagne. Il aima particulièrement l'Espagne; il acheta d'importants domaines à Saragosse et il y demeura souvent, au milieu d'amitiés très chères.

Il adopta les principes de la Révolution française, où il vit la promesse de la liberté de sa patrie. Il retourna à Milan lors de la campagne de 1796; il accueillit Bonaparte comme le libérateur attendu; il fut parmi les fondateurs de la République cisalpine et il la représenta au congrès de Rastadt, de 1797 à 1799. La défaite des Français en 1799 et le retour des Autrichiens en Lombardie l'obligèrent à se retirer à Saragosse. Marengo, comme autrefois Rivoli, lui permettait de revenir à Milan, et, dès le 23 juin, Petiet, au nom du premier Consul, le nommait membre de la commission extraordinaire chargée du gouvernement provisoire de la République cisalpine[1]. Deux mois après, Melzi donnait sa démission pour raisons de santé et allait passer l'été aux eaux de Barèges. Il est tout à fait incontestable qu'il avait une mauvaise santé; il est possible aussi qu'il ne lui plût point de paraître approuver tout ce que faisait l'administration française.

Il était donc désigné, par ses antécédents et par son caractère, pour représenter l'indépendance de la République cisalpine aux négociations de Lunéville, et ses concitoyens firent effort pour l'y décider. Le 8 octobre 1800, le citoyen Pancaldi, qui était chargé à Milan de la gestion des affaires étrangères de la République, — ce qui était bien une sinécure, — priait Melzi d'accepter d'être député auprès du gouvernement français, en remplacement de Paolo Greppi, qui venait de mourir[2]. Marescalchi, un mois après, 4 novembre 1800, s'impatientait de ne pas avoir encore l'acceptation de « notre Melzi; » en attendant, il faisait des démarches pour obtenir du premier Consul l'admission d'un représentant de la Cisalpine aux négociations; il cherchait à voir le plénipotentiaire français, Joseph Bonaparte; il n'y réussissait

1. Melzi, I, 528.
2. Melzi, I, 529.

point : Joseph était invisible[1] et se disait malade. Il n'était malade que pour recevoir cette visite importune.

Melzi n'avait pas ces illusions. Ses amis, pour le décider, lui disaient les intrigues des Génois pour se faire admettre aussi à Lunéville, pour obtenir la faveur du premier Consul, pour agrandir leur territoire au nord des montagnes, dans la direction de Tortone et d'Alexandrie[2]. Il refusait, de Saragosse, la mission qu'on lui offrait; il s'excusait sur son état de santé; il savait bien que ni les Génois ni les Cisalpins ne seraient représentés au congrès de la paix et que Bonaparte se réservait, par son frère Joseph, de traiter pour eux, peut-être de disposer d'eux, à son gré.

Au traité de Lunéville, le 9 février 1801, il ne fut question de la République cisalpine que sous la forme suivante :

« Article 11. — Le présent traité de paix est déclaré commun aux Républiques batave, helvétique, cisalpine et ligurienne; les parties contractantes se garantissent mutuellement l'indépendance desdites Républiques et la faculté aux peuples qui les habitent d'adopter telle forme de gouvernement qu'ils jugeront convenable.

« Article 12. — Sa Majesté Impériale et Royale renonce, pour Elle et ses successeurs, en faveur de la République cisalpine, à tous les droits et titres provenant de ces droits que Sadite Majesté pourrait prétendre sur les pays qu'Elle possédait avant la guerre et qui, aux termes de l'article 8 du traité de Campo-Formio, font maintenant partie de la République cisalpine, laquelle les possédera en toute souveraineté et propriété avec les biens territoriaux qui en dépendent[3]. »

Les Cisalpins pouvaient encore espérer garder quelque indépendance dans la forme de gouvernement qu'ils jugeraient convenable. Mais quelle pouvait être cette forme de leur indépendance?

Melzi se rendit à Paris, après le traité de Lunéville, pour prêter son concours à ses collègues.

Il écrivait alors à son neveu Joseph Palafox, de Saragosse, une lettre des plus curieuses[4]; jamais peut-être il n'exprima plus

<hr>

1. Melzi, I, 530. Marescalchi à Pancaldi.
2. Melzi, I, 531.
3. De Clercq, *Recueil des traités de la France*, I, 121.
4. Melzi, I, 236.

nettement ses idées; car, de plus en plus, à partir de ce moment,
il fut obligé de faire plier ses convictions devant la volonté de
Bonaparte. Il voulait que l'Italie fût assez forte pour garantir
son indépendance aussi bien contre la France que contre l'Autriche. Il était nécessaire pour cela qu'elle fût organisée en États
monarchiques fortement associés, au besoin par les liens du sang.
C'est pourquoi il disait à Palafox ses préférences pour la maison
de Bourbon, puissante à Naples, établie à Parme, appuyée sur
sa parenté avec le gouvernement de Madrid. Un royaume de
l'Italie du Nord eût été de force, sans doute, à organiser la
liberté nouvelle et à garantir son indépendance contre de puissants voisins.

Il n'y avait rien dans ce projet qui pût séduire Bonaparte : au
contraire. En apparence, c'eût été la suite logique des traditions
de la politique française du xvIII<sup>e</sup> siècle. Depuis l'avènement de
Philippe V au trône d'Espagne, le gouvernement français avait
toujours poursuivi la politique de l'Italie libre par la maison de
Bourbon, et il avait réussi à l'établir à Naples et à Parme. Mais
c'était un pacte entre les membres d'une famille à laquelle Bonaparte n'appartenait pas et qu'il avait peut-être déjà le secret
dessein de remplacer partout par l'organisation d'un autre pacte
de famille. Il était mal disposé à fortifier la puissance des Bourbons en Italie : il n'avait pas à se louer de la politique du gouvernement napolitain; un roi de l'Italie du Nord, quel qu'il fût,
ne pouvait être que l'allié naturel des rois de l'Europe, même s'il
devait sa couronne à la France. Bonaparte n'était pas disposé à
commettre de ces imprudences.

Il ne se croyait point lié par les traditions politiques de l'ancienne monarchie; il se persuadait bien plutôt qu'il y avait tout
à renouveler en Europe, et les Bourbons, plus que toute autre
famille royale, lui paraissaient destinés à une ruine prochaine. Il
eût pu sans doute, s'il avait voulu consacrer la liberté de l'Italie,
créer dans le bassin du Pô un grand État en faveur du roi de
Piémont, devancer l'histoire d'un demi-siècle; c'eût été la suite
de la politique de Chauvelin en 1733. Mais il n'avait pas une
confiance absolue dans la maison de Savoie, qu'il avait dépouillée
et reléguée en Sardaigne. Enfin et surtout, il ne voulait pas se
fermer l'avenir : l'Italie libre et forte, c'était la France enfermée
dans sa frontière des Alpes; Bonaparte ne voulait point s'en contenter : outre qu'il ne voulait pas permettre le retour de l'in-

fluence autrichienne en Italie, il avait d'ambitieux desseins ; dès
1797, il s'était ouvert, par-dessus l'Italie, des horizons sur
l'Orient.

C'est pourquoi Bonaparte ne se hâta point de fonder en Cisalpine un régime définitif. La situation provisoire qu'il y maintint
pendant encore près d'un an lui permettait d'étudier le pays, les
dispositions des habitants, le personnel politique. Cela avait l'inconvénient de favoriser les rivalités locales et le désordre ; mais
cet inconvénient même était un avantage, en ce sens que, las de
ce désordre, les Cisalpins en viendraient sans doute à demander,
du moins à accepter un maître.

Il eût été facile au premier Consul de donner une constitution
à la Cisalpine dès le lendemain du traité de Lunéville ; il lui avait
fallu moins de temps pour en donner une à la France ; il avait
auprès de lui des députés italiens, Melzi, Marescalchi, Aldini,
avec lesquels la besogne pouvait être vite faite. Mais elle ne l'eût
peut-être pas été dès lors à son gré ; il préféra laisser mûrir l'occasion.

Cependant, Petiet avait toujours la haute main sur la direction des affaires à Milan. La commission extraordinaire de gouvernement était composée de Giovanni-Battista Sommariva, de
Francesco-Ajmi Visconti et de Sigismondo Ruga. Ils ne paraissent
pas avoir été des hommes de grande valeur politique ou morale ;
Melzi avait des mots sévères à leur égard ; il les traitait de Jacobins, et ce n'était pas chez lui un terme d'estime[1]. Les circonstances aussi rendaient l'administration difficile, et il plaisait à
Bonaparte que la responsabilité du désordre fût attribuée au gouvernement provisoire, afin de paraître ensuite le seul capable d'y
porter remède.

La seule mesure importante qui fut prise fut la division de la
Cisalpine en douze départements par le décret du 13 mai 1801
(23 floréal an IX). Ce furent les départements de l'Agogna (chef-
lieu Novare), du Lario (Côme), de l'Olona (Milan), du Serio
(Bergame), de la Mella (Brescia), de l'Alto-Pô (Crémone), du
Mincio (Mantoue), du Crostolo (Reggio), du Panaro (Modène), du
Basso-Pô (Ferrare), du Reno (Bologne) et du Rubicone (Cesena).
Ils furent administrés par des préfets ; ils offraient ainsi une

1. Melzi, I, 236.

grande ressemblance avec la France et paraissaient en être une annexe[1]. Aussi bien toute l'Europe, alors, admirait-elle l'ordre absolu et la rigoureuse hiérarchie que Bonaparte avait établis dans l'administration française, et il ne semblait pas qu'il pût y avoir un régime plus parfait.

Cela n'empêcha point le désordre, auquel contribuèrent comme à l'envi les gouvernants cisalpins et les généraux français. Visconti se tenait généralement à l'écart des affaires et se contentait de donner à la commission extraordinaire un peu du prestige de son nom. Mais Sommariva et Ruga profitaient de la situation pour piller le trésor; ils entretenaient des intrigues à Paris, dans l'espérance d'être bien placés lors de l'organisation définitive de la République; ils répandaient l'or jusque dans l'entourage du Consul, et Joséphine, qui ne détestait pas les cadeaux et préférait les plus beaux, eut avec eux une affaire de collier qui ne fut jamais bien élucidée[2]. Les agents subalternes ne manquaient pas de suivre l'exemple qui leur venait d'en haut. Dans ces conditions, il restait peu de ressources pour suffire aux exigences des troupes françaises de l'armée d'occupation; elles se payaient elles-mêmes et vivaient largement sur le pays.

La paix signée, la Cisalpine avait espéré être délivrée, au moins en partie, de cette occupation militaire très lourde, et ses députés à Paris en sollicitaient fréquemment l'ordre du premier Consul. Le 4 mai 1801, Melzi écrivait à Pancaldi : « Depuis trois semaines, le premier Consul promet de rappeler l'armée; depuis trois jours, le général Berthier annonce que tous les ordres sont donnés pour ne laisser que trois divisions en Cisalpine, Piémont et Ligurie. Quant à l'exécution de ces promesses et de ces ordres, c'est une autre affaire[3]. »

Le contingent de l'armée française, en effet, ne fut pas diminué, ni les charges qu'elle faisait peser sur le pays, alourdies par les exactions de quelques généraux. Pancaldi s'en plaignait à Marescalchi et lui disait, entre autres choses : « Le département du Bas-Pô, qui a eu la disgrâce d'être occupé par l'ennemi neuf mois de plus que le reste de la Cisalpine, qui a été inondé par le fleuve, qui n'a pas eu des récoltes proportionnées à sa fer-

1. Arch. nat., AF ıv, 1707.
2. Melzi, I, 263, 532.
3. Melzi, I, 531.

tilité naturelle et à ses besoins, qui aurait pour tout cela mérité quelques égards au moment de l'occupation française, a été le plus maltraité... Le commandant de la place de Ferrare, général Varrin, a imposé une réquisition de 500 paires de bottes, 6.000 chemises, 6,000 paires de souliers, 6,000 chapeaux, outre les approvisionnements de dix-huit jours pour 8,000 hommes, quoique la force qu'il commande ne s'élève pas à la moitié de ce chiffre. Le président de l'administration départementale lui montra la convention signée entre les deux gouvernements relativement aux subsistances ; le général la déchira, lui en jeta les morceaux à la figure, le chassa et exigea le payement immédiat. Il ordonna encore un prêt forcé de 250,000 francs et envoya ses soldats dans les maisons pour en assurer la levée ; la misère est telle et le dénûment si général que, même par la violence, ils n'ont pas pu en obtenir tout le montant. Il oblige la municipalité à traiter pour les subsistances avec un certain Finzi, fournisseur de sa division, malgré les conditions très dures du marché qu'impose ce personnage. Ses troupes vont à travers la campagne, lèvent partout des contributions arbitraires en argent, dépouillent les habitants des quelques vivres qu'ils ont et ne leur laissent que la faculté de se plaindre. La municipalité de Ferrare doit fournir chaque jour 440 francs pour le diner du général Varrin et 280 pour celui du général Fresciné, et encore ces chiffres sont le résultat d'une transaction ; ils étaient d'abord bien supérieurs. » Et Pancaldi conclut qu'il pourrait donner beaucoup d'autres détails du même genre et que, cependant, il ne faut pas se plaindre, car une dénonciation serait sans doute beaucoup plus funeste qu'utile[1].

Il convient de ne pas généraliser cette situation ; il est possible que les villes de la Cisalpine n'aient pas été toutes traitées de la sorte. Pourtant, ces plaintes sont générales ; il en vint de tous les points de la République[2], et l'on est disposé à admettre qu'elles n'étaient pas exagérées, puisqu'elles n'étaient pas destinées à aller jusqu'au gouvernement français : elles devaient seulement servir d'arguments aux députés cisalpins à Paris pour obtenir le retrait de ces troupes.

1. Melzi, I, 536.
2. Bolta, IV, 416. — C. Botta, *Histoire d'Italie, de 1789 à 1814*. Paris, 5 vol. in-8°, 1821.

Marescalchi, Aldini et Serbelloni furent, en effet, reçus en audience à la Malmaison le 14 juillet 1801. Ce fut un entretien très animé d'environ une heure. Avant de les laisser parler, Bonaparte leur dit combien il s'intéressait à la condition de l'Italie, qu'il en était très préoccupé, mais qu'il était extrêmement difficile de lui donner une constitution; cela demanderait encore quelque temps de réflexion. Alors, ils se décidèrent à parler de la situation militaire, non certes pour se plaindre, mais pour dire l'insuffisance de leurs ressources. Le premier Consul les arrêta, leur déclara que l'occupation française était indispensable à leur sécurité, que, sans elle, ils seraient aussitôt la proie de l'étranger et qu'il fallait bien payer cet inappréciable service; que pourtant, la paix étant assurée, on pourrait ne laisser en Italie qu'une armée de 30,000 hommes, que l'on diminuerait à mesure que l'armée de la Cisalpine serait organisée. Il fut impossible aux députés de savoir à quelle date commencerait cette réduction, car Bonaparte parla d'autre chose, éclata tout à coup en reproches violents contre le gouvernement de Milan : « Il ne commet que des sottises; il fait la guerre aux prêtres; il chasse de toutes les fonctions les gens sages pour mettre à leur place la canaille; mais je connais ces coquineries et j'y mettrai de l'ordre. » L'audience fut brisée là et la Cisalpine n'en eut pas un grand soulagement[1].

La persistance indéfinie du provisoire ne disait rien de bon aux Italiens; ils s'efforçaient de comprendre pourquoi Bonaparte se refusait à organiser enfin la Cisalpine en État indépendant et ils étaient partagés entre deux sortes d'inquiétudes : ou bien Bonaparte gardait la Cisalpine comme un élément d'échange territorial lors de la signature de la paix générale, tout prêt sans doute à la rendre à l'Autriche s'il y avait intérêt, comme il lui avait jadis livré la Vénétie; ou bien il voulait annexer la Cisalpine à la France, et il attendait la signature de la paix générale pour le proclamer sans risques. De toute façon, durement traités par l'armée d'occupation, les Cisalpins devaient se résigner peu à peu à demeurer esclaves.

Étaient-ils prêts, d'ailleurs, à former une nation indépendante? — Grave question, qu'il est nécessaire de discuter avant

_______

1. Melzi, I, 522-524.

d'expliquer la politique à laquelle Bonaparte peu à peu se fixait à leur égard.

La République cisalpine s'étendait des Alpes centrales au Pô, de Novare à Bologne, ou du Tessin à l'Adige et à l'Adriatique. Elle était faite de provinces qui, pendant longtemps, avaient été séparées, les unes ayant appartenu à Venise, les autres au pape, les plus nombreuses, avec Milan, à l'Autriche; depuis des siècles, elles avaient eu des destinées diverses et elles étaient demeurées très distinctes. Au lendemain de Marengo, en messidor an VIII, Bonaparte y avait envoyé un agent spécial, Charles Rulhière, avec mission d'étudier le pays et le caractère des habitants, et il en avait reçu une série de lettres intéressantes[1] : « Le Brescian, » écrivait Rulhière, « est ardent, inquiet; il aime les armes; il sera propre aux vertus républicaines lorsqu'un bon gouvernement lui aura fait oublier qu'il fut sujet des Vénitiens. — Le Bolonais est éclairé, ami de l'indépendance et peut-être de la domination, parce qu'il sent la supériorité que lui donnent ses lumières sur les autres peuples de l'Italie; il n'est point étranger à la République; les mots *libertad, libertad* étaient gravés dans son cœur comme sur ses monnaies, qu'il avait conservé le droit de battre à son nom. — Le Milanais est paisible; il aime le plaisir; il est sans énergie pour le bien comme pour le mal; il cherche le repos; il fuit l'embarras des affaires; il craint l'agitation d'une République et ne dissimule pas qu'il a besoin d'être gouverné. Dans toute la région de Milan, la masse du peuple préfère les Français aux Autrichiens, parce que les premiers sont généreux et dépensent davantage, parce que le Français a plus de rapports avec le Milanais par ses manières et son langage que n'en ont les Autrichiens. Le soldat français plaît à tous les peuples par son extrême facilité à se faire comprendre; le soldat allemand trouve plus expéditif de le faire avec le bâton. — Mais Pavie regrette les Autrichiens; elle était alors le siège des administrations militaires, des magasins du quartier général, et elle est jalouse de Milan. Elle n'oublie pas qu'elle fut pillée deux fois par les Français; le fanatisme religieux entretient cette haine; on ne se contient que par le souvenir du mauvais succès de la révolte de 1790. Les prêtres sont obstinés, intolérants, implacables; ils n'ont cessé, pendant le séjour des Autrichiens, de prêcher contre

---

[1]. Arch. nat., AF IV, 1681. Voir plus haut.

les Français et les patriotes italiens ; ils poussaient alors les populations des campagnes à donner la chasse aux Français et aux Jacobins pour les assassiner. S'ils ne le font plus aujourd'hui, on assure qu'ils n'en agissent pas moins par les moyens secrets dont ils disposent. »

Mais Rulhière est un étranger à l'Italie qui, dans un voyage de quelques jours, n'a pas pu pénétrer très profondément dans la conscience des populations ; aussi bien les différences qu'il note sont-elles pour la plupart superficielles ; on en pourrait sans doute observer d'analogues entre les diverses populations de la France même. Melzi, écrivant dans le même temps à Talleyrand, faisait dans le même sens des observations plus compétentes et singulièrement plus instructives. Lui aussi, il relevait les différences entre les peuples de l'Italie du Nord : « Leurs humeurs, leurs intérêts, leurs opinions ne sont pas les mêmes ; Vénitiens, Modénais, Bolonais, Milanais n'ont pas les mêmes vœux, ne veulent pas les mêmes choses ; ils ont conservé toutes leurs anciennes jalousies ; ce sont des provinces séparées et qui ne consentent pas à être unies : on n'en pourra pas composer un corps compact et fort, si un gouvernement solide, si une main énergique ne les y force pas. » Portant plus loin l'effort de cette clairvoyante analyse, Melzi disait encore dans la même lettre : « La France a trouvé son salut dans ce vivace et vaillant patriotisme qui a soulevé tous les cœurs à la seule menace de l'intervention étrangère ; la Cisalpine n'a pas, pour le moment, de tels sentiments ; elle est incapable de constituer une nation prospère et vraiment heureuse. Car il y a une grande différence entre la France et la Cisalpine : en France, la Révolution a été accomplie par la volonté de toute la nation ; l'agglomération de toutes les provinces y a été sentie comme un besoin, comme une nécessité inéluctable. Chez nous, au contraire, la Révolution ne fut pas spontanée, mais importée du dehors, la grande majorité de la nation ne s'y est point mêlée. » Et il en concluait que la Cisalpine n'avait jamais éprouvé l'unité morale, qui est la condition de l'unité nationale[1]. C'est pourquoi sans doute, dans sa lettre précédente à Palafox, il ne voyait la solution de la question italienne que dans la formation d'un puissant royaume de l'Italie du Nord où s'achèverait avec le temps la fusion des cœurs.

1. Melzi, I, 265-282.

En vérité, il semble bien que les Cisalpins n'avaient alors qu'un sentiment commun, la haine de l'étranger, les uns de l'Autriche, les autres de la France, ou les uns et les autres de l'Autriche et de la France successivement, selon le sort des combats. C'était toujours le « fuori i barbari! » que la malheureuse Italie cria vainement pendant des siècles. C'était d'ailleurs le premier élément nécessaire à la formation du sentiment national.

En dehors de ces différences réelles, de ces jalousies toujours vivaces et stériles, il faut noter aussi les différences entre les classes sociales : les prêtres, mal disposés à se rallier à la France révolutionnaire et puissants sur l'esprit des populations; les nobles, qui préféraient généralement la domination autrichienne parce qu'elle ne menaçait point leurs privilèges traditionnels; les « Jacobins » ou les patriotes qui, à l'avant-garde du parti national, concevaient déjà l'idée de l'unité de toute l'Italie en une grande République démocratique, précurseurs des compagnons de Garibaldi et des soldats de Victor-Emmanuel II.

Enfin, il faut généraliser et considérer que, si les différences étaient grandes entre les diverses populations de la Cisalpine, elles l'étaient bien plus entre les divers peuples de l'Italie; il faut rappeler que, depuis les temps carolingiens, l'Italie fut toujours divisée, émiettée en une poussière de petits États rivaux, qu'elle fut ainsi pendant des siècles la proie des « barbares, » qu'au commencement du xix<sup>e</sup> siècle elle comprenait encore un grand nombre d'États : Piémont, Milanais, Vénétie au nord; Gênes, Parme et Plaisance, Toscane, États du pape au centre; royaume de Naples au sud; que tous ces États avaient eu à travers les siècles des destins divers, qu'ils n'avaient qu'une très vague idée de leur parenté de race et de langue, que l'Italie n'était alors vraiment qu'une expression géographique, qu'il n'y avait pas encore, au point de vue politique, une Italie, mais des États italiques, et que ce serait un anachronisme grave que d'imaginer déjà le sentiment national vivant et conscient dans les cœurs ou les cerveaux des Italiens. Il s'exprimait sur la scène dans les vigoureuses tragédies d'Alfiéri, mort en 1803; il s'éveillait chez quelques-uns depuis l'invasion française; mais il faut plus de temps pour qu'il se développe et s'épanouisse victorieusement.

Ainsi l'Italie pouvait difficilement être abandonnée à elle-même; elle eût été ainsi livrée aux rivalités locales, aux dissensions intestines dont elle avait été déchirée toujours et que les principes révolutionnaires ne pouvaient qu'augmenter encore; elle eût comme toujours excité les convoitises des puissances voisines; elle fût restée le champ de bataille de la France et de l'Autriche qui y avaient l'une et l'autre des partisans. Il y a du vrai dans l'observation d'un historien français contemporain, que l'Italie n'avait alors à choisir qu'entre la dépendance de la France et celle de l'Autriche[1].

Bonaparte ne voulait pas sacrifier ses propres avantages assurés par deux campagnes glorieuses. Son ambition trouvait sa force et une sorte de raison d'être dans les circonstances, en Italie comme en Allemagne. En Allemagne, il trouvait le saint-empire en décomposition, et il allait le transformer et le renverser parce qu'il n'avait plus de vie dans sa forme ancienne. Général de la Révolution, il suscitait le sentiment national italien, assez pour en profiter, pas assez pour en être gêné. Aussi bien les incomparables triomphes de sa politique à travers l'Europe furent-ils le fruit des circonstances, et notamment de l'action révolutionnaire, au moins autant que de son génie.

Mais dès lors, son action politique dépassait singulièrement les frontières naturelles de la France; elle était entraînée par son ambition personnelle et par la contagion des principes révolutionnaires au delà des Alpes comme au delà du Rhin, dans les voies jadis indiquées par Charlemagne. Ce n'était plus une politique française, c'était une politique impériale. Bonaparte allait en avoir une conception de plus en plus nette, et l'étude de sa politique italienne est un élément essentiel de l'analyse de son caractère et de son rôle historique.

1. Bignon, *Histoire de France sous le Consulat et l'Empire, jusqu'à la paix de Tilsit*, III, 301.

## DEUXIÈME PARTIE

# BONAPARTE ET LA RÉPUBLIQUE ITALIENNE

## I. — LA CONSULTE DE LYON.

On ne croyait pas en Italie, ou du moins on feignait de ne
pas croire que Bonaparte voulût prendre pour lui-même le gouvernement de la Cisalpine, et Melzi, consulté par Talleyrand,
exprimait à ce sujet des regrets très politiques [1]. « D'abord, dit-il,
cette seule pensée me donna les plus grandes espérances, parce
que le nom de Bonaparte me parut être le salut de la patrie. Et,
raisonnant avec moi-même, je me disais : qui peut nier que
Bonaparte ne représente à lui seul justement tout ce qui nous
manque? Sage, ferme, courtois, il saura bien faire taire les rivalités qui nous déchirent. Son génie militaire nous promet une
rapide organisation de notre armée. La simplicité de son costume
est un gage de son esprit d'économie dans la gestion des deniers
publics. L'indomptable fermeté de son caractère nous garantit
une félicité durable. Pour donner satisfaction aux vœux de tous,
il faut donc que Bonaparte soit à nous et à nous seuls. Et quel
merveilleux spectacle ce serait de le voir parmi nous, lui qui
vaut à lui seul toute une administration, toute une armée, tout
un conseil, créer, développer, exalter au plus haut degré le
bonheur d'un peuple tout entier! Fondateur d'une nouvelle race
de rois lombards, il ferait de cette jeune monarchie le prélude
des plus splendides destinées de toute l'Italie! — Mais, quand je
pense que Bonaparte est, pour ainsi dire, lié au bien-être de la

1. Melzi, I, 270-271.

France, je suis bien obligé de renoncer à ces grandes pensées; il est impossible que nous ayons Bonaparte tout entier occupé de nos intérêts; nous ne pourrions prétendre qu'à une petite part de son génie, et alors, comme il demeurerait forcément attaché surtout aux intérêts de la France, nous y perdrions toute indépendance, nous n'y gagnerions qu'un esclavage sans fin. »

Ce dithyrambe était adroit peut-être; il était surtout dangereux : Bonaparte se croyait parfaitement capable de faire à la fois le bonheur de la Cisalpine et de la France, et il était à craindre qu'il ne prît Melzi au mot.

On estimait assez vraisemblable que le premier Consul pût songer à quelqu'un de ses frères pour le gouvernement de l'Italie; il aimait à les employer : Lucien avait été ambassadeur en Espagne; Joseph, jadis ambassadeur à Rome, avait négocié la paix de Lunéville. Il pouvait paraître assez naturel qu'un Bonaparte régnât sur l'Italie, puisque la famille en était originaire. Melzi, consulté par Talleyrand sur le nom de Joseph, protestait avec une singulière énergie[1] :

Pour une semblable dignité, qui se confond bien avec celle de souverain, il faut absolument ou la naissance ou les actions d'éclat qui élèvent un homme au-dessus des autres assez pour les maîtriser en s'emparant de leur imagination. Quelles que soient les qualités personnelles de Joseph, auxquelles je rends volontiers une pleine justice, les circonstances lui ont manqué pour les faire valoir au même degré qui est nécessaire pour sortir de la foule. Il s'agit, en somme, de la position d'un véritable monarque, et quel est alors le parti qui pourrait être content de préférer Joseph Bonaparte aux princes souverains qui pourraient être à portée d'être appelés à ce poste? L'éclat que jette sur lui la magistrature de son frère le premier Consul est certainement très grand; mais, cependant, il ne peut suppléer au prestige qui est nécessaire pour soutenir avantageusement cette position. — D'autre côté, l'Italie resterait de la sorte sous l'influence de la France. Or, il est démontré aujourd'hui que, de toutes les influences étrangères sur l'Italie, celle de la France a été la plus désastreuse; dans l'état de paix, dans l'état de guerre, le pays a été traité par les Français comme une conquête; ni l'indépendance stipulée, ni l'alliance contractée n'ont pu le sauver des abus criants que tout le monde connaît y avoir été constamment et impunément exercés par ceux qui l'ont successivement régi. Et tout le monde est persuadé en Italie que le centième gouvernant et la centième armée française ressembleraient à ce qu'on y a déjà vu. Loin de présenter aucun gage d'espoir d'échapper à tant de maux, Joseph Bonaparte ne peut paraître et rester dans la Cisalpine qu'appuyé par une armée française. Voilà la dépendance du pays assurée à jamais et de la manière qui paraît devenue la moins conciliable avec les vœux du pays et son bien-être. — Cette dépendance du pays cisalpin, enfin, serait contraire aux stipulations de Campo-Formio et de Lunéville; et qui peut assurer qu'une domination acquise par cette manière indirecte ne compromettrait pas la paix de l'Europe? Il devient impossible de supposer que les puissances de l'Europe puissent être indifférentes à l'extension donnée à l'influence française en Italie. — Pour toutes ces raisons, je crois fermement que le projet ne serait point du tout adopté avec satisfaction, de manière à obtenir une élection décente et convenable.

Il était donc nécessaire, en effet, pour respecter l'indépendance de la Cisalpine garantie par les traités, de soumettre le nouveau régime à l'acceptation de ce pays. Melzi, qui décidément paraît avoir été en tout cela le conseiller ordinaire et en même temps la dupe des desseins de Talleyrand et de Bonaparte, proposait la procédure suivante. Après avoir établi à Paris, avec le concours des députés cisalpins, les bases de la constitution nouvelle, le premier Consul convoquerait, en France, pour éviter toute intrigue, un jury d'élection, une sorte de Diète cisalpine. Pour cela, il adresserait, ou mieux il ferait porter par les députés, au gouvernement provisoire et à la consulte de Milan, un message les invitant à approuver cette convocation et les bases essentielles de la constitution. Aussitôt, avec une grande rapidité, pour déjouer toute intrigue (car Melzi en était toujours très préoccupé), le commissaire extraordinaire Petiet ferait procéder aux élections pour cette diète constituante; elles seraient confiées aux administrations départementales; on attribuerait de préférence le droit de vote ou l'éligibilité à la propriété, « la vraie fondation de la société humaine. » La Diète cisalpine, réunie en France, délibérerait sur les propositions du premier Consul et des députés cisalpins, et désignerait des candidats pour les fonctions publiques et pour le gouvernement définitif. A cause des factions, il convenait que le Consul choisît lui-même les principaux

dignitaires de l'État, mais après s'être éclairé par le suffrage
public et par les conseils des bons citoyens[1].

Il n'est pas défendu de penser que Melzi, qui était un des meilleurs parmi ces bons citoyens et assurément le plus considéré,
nourrissait l'espérance de jouer un rôle de premier plan dans la
nouvelle organisation politique. S'il estimait la Cisalpine indigne
d'être gouvernée par Bonaparte et Joseph indigne de gouverner
la Cisalpine, un seul homme, Melzi, paraissait désigné pour présider, au moins dans les premiers temps, aux destinées de la
nouvelle République; il était parmi ses fondateurs; il l'avait
représentée devant l'Europe au congrès de Rastadt; son nom en
eût garanti, devant ses concitoyens et devant les gouvernements
étrangers, la complète indépendance. Il est impossible de pénétrer plus loin dans sa pensée politique, de rechercher s'il ne songeait point à quelque « prince souverain qui serait ensuite à portée d'être appelé au gouvernement de l'Italie, » d'établir une
liaison entre ses conseils à Talleyrand et sa précédente lettre à
Palafox.

Il n'eut point l'occasion de préciser ses intentions ni de manifester une opinion ferme. On ne lui en laissa point le loisir ni les
moyens. Bonaparte prit dans ses rapports ce qui lui était utile;
il ne manqua pas de se servir aussi de la haute réputation et de
la réelle popularité de Melzi; il suivit ses conseils dans la
mesure où il y trouvait du profit; il le lia à sa politique tant qu'il
eut besoin de lui, puis il l'immobilisa dans de vains honneurs.
Melzi n'était pas de force à être autre chose qu'un instrument du
dessein italique que Bonaparte poursuivait désormais avec résolution.

Enfin, après plusieurs mois d'hésitations et de calculs, le
moment de l'action arriva.

La constitution de la Cisalpine fut élaborée d'abord par Talleyrand et Rœderer. On cite, d'après celui-ci, un bon mot qui,
d'ailleurs, n'a pas d'autre portée : il dit à Talleyrand, au
moment de se mettre à la besogne : « Il faut qu'une constitution soit courte et... — Obscure, » dit Talleyrand, lui coupant la
parole[2]. Nous verrons que la constitution cisalpine était assez
claire. Le projet préparé au cabinet du premier Consul fut com-

1. Melzi, I, 279-280 et 571-574.
2. Sorel, VI, 182.

muniqué pour examen aux quatre députés cisalpins à Paris :
Aldini, Marescalchi, Melzi, Serbelloni[1]; ils n'y firent que des
corrections de détail, assez pour qu'elle parût le produit de leur
collaboration avec le gouvernement français.

C'était à la fin de septembre 1801. Les préoccupations de la
politique extérieure de Bonaparte devenaient moins pressantes;
la paix générale s'annonçait. Le 1er octobre furent signés les
préliminaires de Londres avec l'Angleterre, et le premier Consul
était bien décidé à les faire aboutir. Donc, si l'Autriche n'était
pas satisfaite des nouveaux arrangements qu'il voulait faire en
Italie, elle serait mal placée pour protester efficacement. La procédure indiquée par Melzi put être dès lors suivie. En octobre, le
plan de constitution fut soumis, pour pure forme, au gouvernement provisoire de Milan.

Bonaparte décida que l'assemblée des notables cisalpins destinée à approuver définitivement la constitution nouvelle serait
appelée consulte extraordinaire, et qu'elle se réunirait à Lyon, à
mi-chemin de Paris à Milan, et, ajoutait-il, « à l'abri des
intrigues du corps diplomatique[2]. » Il voulait agir très vite; il
écrivait, le 22 vendémiaire an X (14 octobre 1801), qu'il fallait
que les notables fussent rendus à Lyon le 20 brumaire
(11 novembre), afin qu'il pût être de retour à Paris le 1er fri-
maire (22 novembre). Les choses ne purent pas être expédiées
tout à fait à ce point. Cependant, on ne perdit pas de temps.

Murat, qui depuis l'année précédente commandait en Toscane,
venait d'être appelé au commandement en chef de l'armée d'Italie, c'est-à-dire du corps d'occupation de la Cisalpine. Depuis le
18 brumaire jusqu'à l'affaire d'Espagne, Murat fut l'homme des
solutions rapides.

Le gouvernement provisoire de Milan fut, le 21 brumaire,
invité à convoquer immédiatement la consulte pour voter elle-
même la convocation de la consulte extraordinaire de Lyon.
Mais il faut laisser parler le général lui-même; il écrivait le
23 brumaire au premier Consul : « J'ai reçu, mon général, la
dépêche du ministre des Relations avec les différentes instructions qu'elle renfermait. Je m'empresse d'ajouter que vos vues
sont remplies : convoquer le comité de gouvernement, l'amener

1. *Corr. Nap.*, VII, 5723, 5771.
2. *Ibid.*, VII, 5807.

au but désiré, rédiger le message à la consulte et en obtenir la loi qui convoque la diète extraordinaire à Lyon a été l'affaire de huit heures. » Murat ne dit pas si la consulte, composée de cinquante membres, était en nombre; si on put ainsi, au pied levé, en réunir la majorité; mais c'était sans doute un détail insignifiant; néanmoins, il fait songer aux circonstances extra-légales de la convocation du Conseil des Anciens au matin du 18 brumaire. Ne prononçons point cependant le grand mot de coup d'État.

Murat continue : « Aujourd'hui (23 brumaire), le comité s'est assemblé et a, sous nos yeux, et le cadastre à la main, procédé à l'élection des cent quarante-huit notables. Je puis vous répondre de ce choix; tous les élus jouissent de la plus grande considération et sont les plus riches de la Cisalpine. » Murat ne dit pas si sa présence au comité était très légale et s'il avait le droit de peser en quelque manière sur ses choix. Mais cela encore est sans doute un détail sans importance. Il faut le retenir seulement pour pouvoir ensuite déterminer les caractères de la Consulte ainsi composée.

Écoutons toujours le récit du général de l'armée d'Italie :

Le choix des administrations départementales et celui des gardes nationales ne promettant pas un résultat aussi heureux, je me suis empressé de donner aux différents généraux qui commandent les départements des instructions confidentielles, afin de diriger les choix sur des hommes considérés et amis de notre pays; j'ose donc espérer qu'au moyen de cette précaution nous n'avons rien à craindre de l'influence des malintentionnés... J'espère que vous serez aussi content de ma conduite dans cette occasion que de celle que j'ai dû tenir il y a quelques jours, en licenciant les compagnies choisies de la garde nationale; ces corps étaient notre armée révolutionnaire de 93. Je m'applaudis aujourd'hui de cette mesure; depuis cette époque, plus de querelles, plus d'assassinats; la tranquillité règne partout, tous les honnêtes gens respirent.

Les élections du clergé seront bonnes; celles des savants pourront être composées d'hommes chauds; celles des tribunaux et du commerce seront bonnes. Ainsi, cette assemblée sera vraiment majestueuse et digne de recevoir dans son sein le créateur de la République.

Et Murat exprime la joie de son triomphe avec une extraordinaire inconscience :

Mon général, l'arrêté de la consulte sur la convocation à Lyon vient de ranimer tous les esprits; tous les cœurs s'ouvrent à l'espérance. C'est d'aujourd'hui qu'on croit à une constitution; c'est d'aujourd'hui que doit dater le bonheur de l'Italie régénérée. Que sa destinée est belle! La vôtre sera toujours d'étonner chaque jour le monde par un nouveau trait de ce génie qui caractérise le grand homme, celui qui ne prit jamais personne pour modèle.

Le nom de bienfaiteur, de régénérateur de l'Italie, de Bonaparte, est dans toutes les bouches comme dans tous les cœurs; ce seul nom et cette idée toute nouvelle de cette convocation ont suffi pour faire sortir les Cisalpins de ce sommeil de mort où les avaient plongés la guerre et les révolutions[1].

Nous ne recherchons point encore si ces hyperboles n'étaient pas une façon discrète, à la Murat, de s'offrir à son beau-frère pour l'aider à la régénération complète de l'Italie, et s'il n'y a pas lieu d'y noter la première apparition des ambitions italiennes du personnage. Nous remarquons simplement que les élections à la consulte extraordinaire de Lyon, comme la loi même qui la convoquait, ont été faites sous la pression de Petiet, de Murat et des généraux français de l'armée d'occupation. Toutes précautions étaient donc prises pour que l'opinion publique du pays cisalpin se prononçât dans le sens voulu; mais ce luxe même de précautions n'interdit pas de supposer que, si les élections eussent été libres, l'opinion publique eût été différente; du moins, Bonaparte ne voulut pas en courir le risque.

On pouvait craindre que les notables ainsi désignés ne fussent mal disposés au long et coûteux voyage de Lyon, qui avait en outre le grave inconvénient, en dépit de l'opinion de Melzi, de manifester publiquement la dépendance des Cisalpins à l'égard du premier Consul de la République française. Il n'en était pas moins nécessaire que la représentation de la Cisalpine y fût complète; des abstentions trop nombreuses auraient produit dans le pays et en Europe un effet déplorable. Il fallait, dit l'historien italien Botta[2], « donner aux commandements impérieux du Consul l'apparence de vœux et de supplications spontanées de la part du peuple. » Murat s'en occupa avec zèle : « Comme on paraît faire craindre, dit-il, que tous ces notables ne se rendront point au rendez-vous, je vais passer la revue des divisions, et j'espère

1. Arch. nat., AF iv, 1681.
2. Botta, IV, 413.

y employer toute espèce de moyens de persuasion pour leur faire
sentir combien leur démarche serait impolitique et nuisible à leurs
propres intérêts en abandonnant ainsi leur propre sort entre les
mains de personnes moins intéressées au bonheur et à la gloire de
la République. Déjà j'ai vu l'évêque qui m'a promis de s'y rendre
lui-même, et cela seulement pour vous voir; au reste, je dois
vous dire que cet espoir est le seul et le plus puissant mobile pour
ceux qui s'y rendront. »

Murat affirme, dans la même lettre, que Petiet et le comité de
gouvernement « ne furent pas trop satisfaits de ce choix des plus
riches et des plus estimés qui n'iraient pas chanter leurs louanges
à Lyon. » Il s'en réjouissait au contraire; il espérait peut-être y
trouver son intérêt, en même temps que celui de Bonaparte. En
effet, les membres du comité de gouvernement appartenaient au
parti avancé dit « jacobin, » qui s'était appuyé sur les Français
tant qu'il avait pu voir en eux des libérateurs; ce parti, que sou-
tenaient beaucoup de gens du peuple, pouvait être appelé le parti
démocratique; il rêvait, sous la tutelle de plus en plus légère de
Bonaparte, l'organisation d'une République libre dans l'Italie du
Nord et peut-être plus tard dans le reste de la péninsule. Le premier Consul s'était d'abord servi de ce parti et lui avait donné
des places. Mais, désormais, il s'en défiait, parce qu'il craignait
d'y rencontrer de l'opposition à ses entreprises personnelles; il
pouvait craindre aussi que, par haine et terreur de l'esprit jacobin, les classes aisées ne fussent disposées à regarder vers l'Autriche et que le clergé catholique surtout ne se détournât de la
France. Il se persuadait qu'à Milan comme à Paris, son autorité
ne pouvait être solidement fondée que sur l'alliance de la bour-
geoisie et sur celle de l'Église, c'est-à-dire sur « le parti de
l'ordre » contre les partis révolutionnaires. Ce fut un changement
tout naturel d'orientation politique; ce fut l'accord du pouvoir et
de la fortune.

La consulte extraordinaire de Lyon se trouva donc composée
de la consulte et du comité de gouvernement, sauf trois membres
qui demeurèrent à Milan pour la gestion des affaires courantes,
puis de députations des évêques et des curés, des tribunaux, des
académies, des universités, des régiments de ligne, enfin des
notables des départements et des chambres de commerce; en tout,
quatre cent cinquante membres.

Avec tous les soins qu'il avait pris à l'occasion de ces choix,

le premier Consul pouvait espérer que ses projets ne rencontre-
raient pas d'obstacles. Il n'y eut pas d'enthousiasme parmi les
populations ni parmi les députés eux-mêmes : « On se rendit à
Lyon, celui-ci par zèle, celui-là malgré lui, cet autre par ambition[1]. » Cette froideur n'inquiétait pas beaucoup Bonaparte, qui
en savait les raisons. Il se gardait bien de faire voter le peuple
lui-même, dont la volonté n'eût sans doute pas été conforme à la
sienne; il préférait des notables, ennemis de toute révolution
nouvelle, de tout désordre, las du provisoire, avides d'une situation définitive, dût la liberté y perdre quelque chose, divisés d'intérêts, de sentiments, des savants, des soldats, des marchands,
des propriétaires, incapables d'autre chose que d'enregistrer la
volonté du maître. Toute l'affaire était conduite avec beaucoup
d'habileté, et, même après toutes ces précautions, on ne laissa
pas à la consulte de Lyon toute indépendance; on n'y abandonna
rien au hasard de quelque inspiration malencontreuse.

Lyon est riche en souvenirs historiques. Elle fut la capitale
de la Gaule transalpine au temps des empereurs romains, le trait
d'union entre Rome et la Gaule. Siège de la consulte extraordinaire de la Cisalpine, elle reprenait en quelque manière son
antique caractère impérial. L'ambition de Bonaparte, inspirée
par ce glorieux passé, allait y prendre un développement nouveau
et dépasser décidément la frontière des Alpes. L'ancien proconsul
en Cisalpine allait y préparer l'Empire.

Les députés cisalpins arrivèrent à Lyon dans les derniers
jours du mois de décembre 1801, après un voyage qui fut très
pénible pour quelques-uns[2], comme l'archevêque de Milan, Visconti, mort peu de jours après.

Talleyrand arriva lui-même le 7 nivôse an X (28 décembre
1801). On se mit à l'œuvre aussitôt, car tout devait être prêt
pour le jour de l'arrivée du premier Consul. On constitua d'abord
un bureau de délibération de cinq membres, représentant les cinq
principales régions de la Cisalpine : Marescalchi, Bernardi,
Melzi, Fenaroli, Paradisi; ils furent naturellement désignés par
Talleyrand. Il les réunit pour délibérer avec lui dans un appar-
tement de l'hôtel Ceintri, place Bellecour. Le 12 nivôse, il leur
adressa un petit discours : il leur rappela en quelques mots le

---

1. Melzi, I, 231. — Botta, IV, 411.
2. Melzi, I, 231.

projet de constitution unanimement approuvé par la consulte de
Milan et par le comité de gouvernement, l'organisation de la
consulte extraordinaire ; il leur expliqua avec soin que cette consulte extraordinaire n'avait point à discuter ni à approuver la
constitution désormais adoptée à Milan ; il ne s'agissait pour elle
que d'en régler l'application particulière et d'en préparer la mise
en marche par l'organisation des divers corps de l'État et la
nomination des fonctionnaires. Il convenait donc que, pour assurer des délibérations très calmes, pour écarter toute difficulté
issue des rivalités locales, pour utiliser toute compétence, la consulte extraordinaire se partageât, à l'image du bureau de délibération lui-même, en cinq sections régionales.

Les propositions de Talleyrand furent adoptées par le bureau,
et la consulte fut en effet divisée en cinq sections, dont les prési-
dents et secrétaires furent nommés par Talleyrand : Melzi et Tri-
gelli pour les pays ci-devant autrichiens, c'est-à-dire le Milanais ; Aldini et Belmonti pour les pays de l'État ecclésiastique,
c'est-à-dire Bologne ; Bargnani et Carissimi pour les pays
ci-devant vénitiens, c'est-à-dire la région de Brescia et Bergame ; Paradisi et Candrini pour le pays de l'ancien duché de
Modène ; Bernardi et Diego Guicciardi pour les pays ci-devant
valtelins et piémontais (Novare).

On doit trouver singulière cette idée de briser l'unité de la
consulte en sections régionales et de donner ainsi un aliment
nouveau aux rivalités locales. Assurément, Talleyrand et le premier Consul étaient préoccupés de diminuer la puissance de la
consulte, tout en lui conservant le prestige dont ils avaient
besoin ; il s'agissait de paraître solliciter le libre vœu de la nation
cisalpine, mais aussi d'empêcher que ce libre vœu ne fût désagréable : œuvre délicate qui n'était pas au-dessus de l'habileté de
Talleyrand.

Cependant, les jours passaient sans qu'on aboutît à rien. Les
Cisalpins commençaient à s'impatienter de n'avoir rien à faire,
de n'avoir pas même à délibérer sur la constitution pour laquelle
ils s'étaient crus convoqués spécialement. Talleyrand était obligé
de se préoccuper de cette situation, et il en écrivait en ces termes
au premier Consul [1] :

---

1. Aff. étr., *Corr. de Milan*, n° 60, 1802-1801. — C'est la principale source de
l'histoire de la consulte extraordinaire, pièce 19.

Si on ne les occupe pas, l'ennui peut dégénérer en mécontentement et en dispositions tracassières; on évitera cet inconvénient, et
l'on me paraît ne pouvoir tomber dans aucun autre en abandonnant
à chacune des cinq assemblées le droit de faire des observations qui
ne touchent pas à la Constitution elle-même. Ces observations pourront être consignées dans les cahiers qui vous seront remis à votre
arrivée; j'empêcherai qu'elles ne divaguent par un arrêté dont je
proposerai les bases au bureau de délibération; j'empêcherai surtout
que les sections ne s'érigent en assemblées législatives et que leurs
délibérations deviennent autre chose que de simples vœux dont vous
ou le gouvernement cisalpin pourrez apprécier la justesse et l'importance. Le moyen le plus sûr d'éviter que les assemblées ne s'oc-
cupent de trop de choses sera de les occuper un peu des personnages... Je tirerai les choses jusqu'au moment de votre arrivée.

Cette consultation nationale de la Cisalpine avait donc un
caractère très particulier; toute liberté de délibération lui était
enlevée, et pourtant on se rappelle quels soins avaient été pris
pour que la consulte ne fût composée que de « bons citoyens. »
Le plan de Talleyrand s'exécuta sans accident, et il en fit son
rapport avec quelque complaisance au premier Consul. Il faut
suivre pas à pas son récit. Il fut nécessaire « d'occuper leurs
loisirs pour qu'ils ne devinssent pas turbulents et inquiets; il fallut donc leur abandonner quelques discussions qui ne présen-
tassent aucun danger[1]. » Il fut bien établi devant chacune des
cinq assemblées que la constitution déjà acceptée ne pouvait plus
être remise en question (on se souvient avec quelle rapidité, en
huit heures, Murat avait obtenu cette acceptation, d'une consulte
d'ailleurs entièrement nommée par Bonaparte après Marengo),
que par conséquent « l'opinion qu'émettrait chacune des cinq
assemblées ne devait porter que sur quelques bases de lois organiques ou sur l'avantage qu'on trouverait à quelque modification,
et que cette opinion ne serait présentée que par forme d'observation au premier Consul, pour être prise en considération, soit par
lui, soit par les autorités cisalpines qu'il aurait instituées. Ainsi,
les différentes sections de la consulte extraordinaire ont été cir-
conscrites dans un cercle de discussions qui ne leur a laissé que
des vœux à émettre et des matières secondaires à traiter. »
Les sections furent ensuite occupées à désigner les hommes
propres aux premiers emplois. Par exemple, pour le corps légis-

1. Aff. étr., *Corr. de Milan*, n° 60, pièce 20.

latif et le tribunal de cassation, chaque section dressa une liste
de nombre égal à celui des membres à nommer; ainsi fut cons-
tituée une liste quintuple où le choix définitif fut laissé au premier Consul. « Ainsi, dit Talleyrand, cette nombreuse assemblée
fut arrachée à l'inaction; car il convenait de ne pas laisser
quelque issue à leur impatience et à leur désir de ne pas paraître
nuls. » On les pria de ne pas s'occuper aussitôt des candidats à
désigner pour le gouvernement cisalpin définitif; il convenait de
laisser à cet égard toute liberté au choix du premier Consul.

Dès lors, Bonaparte pouvait venir : « Les filets étaient bien
tendus[1]. » La constitution était « regardée comme acceptée, » la
consulte était bien disciplinée sous l'adroite direction de Talleyrand; elle s'en remettait entièrement au premier Consul du choix
des fonctionnaires les plus importants. On pourrait même se
demander pourquoi elle était venue de si loin. Mais elle avait
l'air, aux yeux de l'Europe, de l'Italie et de la France notamment, d'être la représentation libre et imposante de la nation
cisalpine; elle était très utile à Bonaparte. Tous les rôles en cette
comédie furent habilement tenus.

Bonaparte arriva à Lyon le 21 nivôse (10 janvier 1802). Il y
demeura jusqu'au 7 pluviôse ou 27 janvier, soit une quinzaine
de jours. Il avait avec lui Joséphine, et il tint déjà, comme un
souverain qui se déplace, une sorte de cour; il consacra beaucoup de son temps à recevoir les municipalités, les préfets et les
principaux fonctionnaires de la région et de tout le midi; il constata dans tous ces rapports officiels que l'ordre était rétabli
partout, que l'industrie et le commerce avaient pris depuis deux
ans un essor nouveau, à Lyon, comme à Saint-Étienne, à
Annonay, etc.[2]. Il témoigna sa satisfaction en accordant des
écharpes d'honneur aux maires des trois municipalités de Lyon.
Il honora de quelques instants de sa présence les bals donnés à
sa femme par le commerce de la ville, par les généraux[3].

Il fit venir les régiments de l'armée d'Orient, récemment arrivée d'Égypte après les capitulations du Caire et d'Alexandrie;
il les fit habiller et les passa en revue sur la place Bellecour le
25 janvier[4]. Cérémonie mélancolique, triste fin d'un grand rêve

1. Botta, IV, 415.
2. *Corr. Nap.*, VII, 5019.
3. *Corr. Nap.*, VII, 5027, 5032, 5037.
4. *Ibid.*, VII, 5018, 5028, 5032.

qui ne se réalisa point et qui le hanta toujours. En se retrou-
vant devant les soldats des Pyramides, du Mont-Tabor et d'Abou-
kir, ne jeta-t-il point quelques pénétrants éclairs de sa pensée
par-dessus l'Italie jusqu'aux pays du Levant, où il n'avait fait
que passer? Le chemin de l'Orient passe par l'Italie, et les empereurs romains furent les maîtres de toute la Méditerranée.

Il s'occupa surtout, naturellement, de la consulte extraordinaire. Le terrain était bien préparé; mais la plus grosse question avait été réservée, le choix des membres du gouvernement,
du président de la République cisalpine. La consulte fut persua-
dée par Talleyrand qu'il convenait qu'elle formât un comité de
trente membres pour étudier à loisir et dans le calme le choix des
candidats à toutes ces hautes fonctions; il fut décidé qu'elle pré-
senterait au premier Consul une liste double du nombre des personnages à choisir. Sans doute, il était plus facile d'agir sur
trente députés que sur quatre cents[1].

Pourtant, dans ce comité des Trente, un mouvement se dessina
aussitôt pour porter à la présidence Francesco Melzi. Les services qu'il avait rendus à la Cisalpine depuis 1797, le rôle qu'il y
avait joué, la situation tout à fait remarquable qu'il occupait
depuis quelques mois à Paris auprès du premier Consul et les
conseils que celui-ci n'avait cessé de lui demander par Talleyrand, tout cela le désignait en effet au choix de ses concitoyens,
et ils se réjouissaient d'avance. Ils craignaient seulement que
Melzi ne reculât devant la responsabilité d'une si lourde charge.
On triompha de ses scrupules.

Tous les regards sont tournés vers Melzi, écrit le comte Alessan-
dro Verri; nous vivons dans des temps extraordinaires où se
produisent les événements les plus inopinés : des rois de dynasties
séculaires précipités du trône, des hommes privés élevés par leur
mérite aux dignités suprêmes.

Monti écrit à son « cher ami » Marescalchi :

A propos, aurons-nous Melzi pour premier magistrat, ou le bruit
qui s'en est répandu est-il faux? Tu te tais sur cet article, et ton
silence m'empoisonne la joie à laquelle je m'abandonnais sur cette
belle espérance.

1. Aff. étr., *Corr. de Milan*, n° 69, pièce 59. Procès-verbal de la consulte
extraordinaire.

Quelques jours après, il écrit encore au même sa grande joie de savoir que Melzi acceptera la première magistrature :

L'enthousiasme est général à Milan; car vraiment c'en était fait de notre misérable patrie si l'homme qui peut la sauver s'obstinait à la laisser dans les mains de ses bourreaux [1].

Cependant, le comité des Trente délibérait. Sous la haute direction du premier Consul, Talleyrand, Petiet, Marescalchi lui-même, qui se taisait sur les chances de Melzi, pesaient de toutes leurs forces sur le choix du comité. Ils disaient : la République est bien jeune pour se passer déjà de tout appui; l'Autriche la guette; elle l'écrasera comme en 1799 si la France retire sa protection. La République est bien divisée; les diverses régions qui la composent ont des intérêts divergents, parfois opposés; il est bien tôt pour donner toute liberté aux rivalités intérieures qui peuvent la déchirer et compromettre son existence. Y a-t-il un seul homme en Cisalpine qui ait assez de prestige et de caractère pour contenir toutes ces causes de querelles? Melzi a les plus insignes qualités; il est très aimé à Milan; il n'en est pas de même à Bologne ou à Mantoue, où il n'a rendu aucun service. L'avenir est encore incertain; assurément, dans quelques années, les provinces qui composent la Cisalpine auront compris la nécessité de leur union; elles auront créé une armée commune, capable de défendre la République contre tous les dangers et les désordres; elles seront devenues une nation; mais il serait imprudent de répudier déjà la tutelle bienfaisante de l'homme qui a fondé la République et qui seul peut lui assurer une existence tranquille et aussi une grandeur croissante. Il faut au contraire le solliciter de se dévouer encore quelque temps à l'organisation définitive et à la prospérité de la Cisalpine; il faut faire l'unanimité en ce sens; il faut l'acclamer sans débats; peut-être ainsi le décidera-t-on à se rendre aux vœux de tout un peuple qu'il aime.

Marescalchi travaillait à ce résultat avec un zèle qui ne pouvait attendre sa récompense que du maître tout-puissant. Il écrivait à Talleyrand : « Citoyen ministre, jusqu'à présent, point de motion, et tout va avec la plus grande tranquillité. Il n'y a eu que le général Lecchi qui m'a demandé si l'on pouvait parler sur le propos. Je lui ai répondu que, s'il avait quelques observa-

1. Melzi, I, 576-577.

lions à faire, qu'il se pouvait d'iriger à la députation (c'est-à-dire
au comité des Trente). » Ainsi, le silence était organisé à la
consulte. Quelque temps après, Marescalchi écrivait encore :
« Citoyen ministre, les choses je crois qu'elles se soient arrangées; à présent, il faudrait chercher d'engager que Melzi accepte
d'être le sous-président. Avec ça je vous assure que tout le monde
serait content. » Ce fut, en effet, le dernier effort du complot[1].
Melzi ne se refusa point. Il fut dupe du premier Consul et pensa
que la présidence de Bonaparte ne serait que provisoire, comme
on l'annonçait partout, qu'il serait tout désigné pour le remplacer lorsque l'organisation de la République serait achevée. Ou
bien il estima que, comme vice-président résidant à Milan, il
pouvait rendre même dans une position subalterne des services
appréciables à son pays et peut-être conquérir peu à peu une
autorité réelle, à mesure que la nation cisalpine prendrait conscience d'elle-même. D'autre part, il ne pouvait pas envisager
sans inquiétude les conséquences d'un refus; qui donc alors serait
capable de contenir les développements inquiétants de la domination française en Italie?

Enfin, Petiet estima que le moment décisif était arrivé. Il écrivit à Talleyrand :

Je comptais vous aller voir ce matin; mais mon médecin s'y
oppose. Il me paraît indispensable de brusquer l'acclamation. Tout
est disposé; les retards ne pourraient plus que nuire; si vous croyez
que l'on puisse faire la motion à l'assemblée générale de ce matin,
il se trouvera un orateur tout prêt, et qui présentera ensuite, si sa
motion réussit, comme tout doit le faire croire, un projet d'arrêté
conforme. Mettez-moi sur un morceau de papier cacheté *oui* ou *non*;
je saurai ce que cela voudra dire et j'en préviendrai les bien-inten-
tionnés[2].

Enfin, l'affaire fut enlevée. La consulte extraordinaire fut
convoquée en réunion plénière le 5 pluviôse (25 janvier 1802)
pour la proclamation de la Constitution. Talleyrand invita Marescalchi à désigner les cinq orateurs des cinq sections qui exprime-
raient leur assentiment; ils devaient donner communication
d'avance de leurs discours, pour éviter toute surprise[3]. Donc, le

1. *Aff. étr., Corr. de Milan*, n° 60, pièces 55 et 56.
2. *Aff. étr., Ibid.*, n° 60, pièce 16.
3. *Aff. étr., Ibid.*, n° 60, pièce 52.

5 pluviôse, la Constitution fut proclamée. Le comité des Trente proposa à la consulte de prier le premier Consul de garder encore quelque temps le gouvernement de la Cisalpine. « Ce vœu, dit le procès-verbal officiel, devint l'opinion unanime de la consulte extraordinaire, par acclamation et au milieu des plus vifs applaudissements. Le premier Consul se rendit à la nécessité impérieuse de garder la haute direction des affaires jusqu'à ce que la Cisalpine pût se trouver en état de soutenir par elle-même son indépendance. »

Le 6 pluviôse, Bonaparte vint à la consulte, réunie dans une dernière assemblée générale, accompagné de Talleyrand, de Chaptal, ministre de l'Intérieur, de Petiet, de Najac, préfet du Rhône, de Bourrienne, d'un cortège de généraux et de préfets. Il fut reçu parmi les applaudissements. Il prit la parole aussitôt. Après avoir rappelé les vicissitudes parmi lesquelles était née, grâce à la France, la République cisalpine, les circonstances de la convocation de la consulte, il continua :

Les choix que j'ai faits pour remplir vos premières magistratures l'ont été indépendamment de toute idée de parti, de tout esprit de localité. Celle de président, je n'ai trouvé personne parmi vous qui eût encore assez de droit sur l'opinion publique, qui fût assez indépendant de l'esprit de localité et qui eût enfin rendu d'assez grands services à son pays pour la lui confier. Le procès-verbal que vous m'avez fait remettre par votre comité des Trente, où sont analysées avec autant de précision que de vérité les circonstances extérieures et intérieures dans lesquelles se trouve votre patrie, m'a vivement pénétré. J'adhère à votre vœu; je conserverai encore, pendant le temps que les circonstances le voudront, la grande pensée de vos affaires.

Et il terminait ainsi :

Vous n'avez que des lois particulières; il vous faut désormais des lois générales. Votre peuple n'a que des habitudes locales; il faut qu'il prenne des habitudes nationales. Enfin, vous n'avez pas d'armée; les puissances qui pourraient devenir vos ennemies en ont de fortes; mais vous avez ce qui peut les produire, une population nombreuse, des campagnes fertiles et l'exemple qu'a donné dans toutes les circonstances essentielles le premier peuple de l'Europe[1].

1. *Corr. Nap.*, VII, 5931.

Après ce discours, sans cesse coupé d'applaudissements, on donna lecture de la constitution de la République cisalpine; un mouvement général de l'assemblée, dit le procès-verbal, indiqua le vœu de mettre « italienne » au lieu de « cisalpine. » Le premier Consul se rendit à ce vœu, et proclama lui-même, au milieu d'acclamations chaleureuses, que désormais la République serait appelée République italienne. C'était donner satisfaction au sentiment national encore inconscient, mais prêt à grandir et à gagner toute la péninsule; c'était promettre à l'Italie tout entière de nouvelles destinées : ce devait être la plus grande force de Bonaparte dans sa politique italienne.

On proclama ensuite la première loi organique sur le clergé; l'archevêque de Ravenne y donna son assentiment au nom des évêques et des curés de la Cisalpine, et le premier Consul se leva pour dire que le peuple doit être attaché aux principes de la religion.

On donna enfin lecture des listes des collèges électoraux, des assemblées législatives, « parmi les témoignages de satisfaction les plus unanimes et les plus éclatants. »

Alors, Bonaparte invita le vice-président Melzi à se placer à côté de lui; il le prit par la main et l'embrassa : « Ce mouvement touchant et spontané communiqua à l'assemblée une vive émotion. »

Enfin, le citoyen Prina fit un discours de remerciement et parla de « l'admiration que nous inspire le héros auquel nous devons notre bonheur. » La séance fut levée, et le Consul-Président fut reconduit « par les acclamations des Cisalpins et des Lyonnais réunis. »

Le lendemain matin, à sept heures, Bonaparte quittait Lyon pour rentrer à Paris.

Cet accroissement nouveau de la puissance de Bonaparte et le terme de République italienne n'étaient pas pour être agréables à toutes les puissances étrangères. Cependant, la consulte paraissait avoir agi en toute liberté en portant le premier Consul à la présidence, et son indépendance, garantie par le traité de Lunéville, ne paraissait pas avoir été violée. Les événements de Lyon ne retardèrent pas la signature de la paix d'Amiens, le 25 mars suivant.

Bonaparte se donna la peine de quelques explications aux gouvernements qui pouvaient éprouver quelque mécontentement. Le

2 février, il informa lui-même le pape de ce qui venait de se passer; mais il eut soin d'éviter l'expression de République italienne : « Je m'empresse de faire connaître à Votre Sainteté que les affaires de la République cisalpine viennent d'être arrangées[1]. »

Il était nécessaire aussi de rassurer le gouvernement de Vienne. On y avait suivi les délibérations de la consulte avec une attention toute particulière : « Tous les yeux ici sont fixés sur Lyon, écrivait Champagny, alors ambassadeur en Autriche; on ne s'y intéresserait pas davantage si le sort de l'Allemagne y devait être décidé[2]. » On y fut très étonné des résultats, « on ne s'y attendait en aucune manière; il n'est point difficile de reconnaître que ces nouvelles ne lui sont point agréables. »

Talleyrand envoya alors ses instructions à Champagny; il le chargeait de notifier officiellement au gouvernement autrichien l'élection du premier Consul à la présidence de la République italienne et de s'exprimer ainsi : « Les plus sages citoyens de la République italienne, réfléchissant sur la diversité des éléments qui doivent en former l'ensemble, avaient facilement persuadé à la totalité de leurs concitoyens que des rivalités, des prétentions et des haines immémoriales, si elles n'étaient accordées par un ascendant étranger et surtout supérieur à toutes les passions qui en devaient naître, ne pouvaient manquer de produire des désordres capables de porter atteinte à la tranquillité de l'Italie et de troubler jusqu'au repos de l'Europe. Je ne doute pas, ajoutait-il, qu'il (le gouvernement de Vienne) ne voie dans cet événement une nouvelle preuve du désir qui anime sans cesse le gouvernement de la République de consolider par tous les moyens qui sont en son pouvoir la tranquillité générale de l'Europe et de donner une garantie durable aux rapports qui en unissent les divers États[3]. »

Champagny eut donc une conférence à ce sujet avec le chancelier Cobenzl. Il lui expliqua que la Cisalpine gardait toute son indépendance, que le pouvoir législatif, expression de la souveraineté nationale, demeurait séparé du gouvernement français, ce qui était essentiel; que dans le moment actuel le repos était le premier intérêt de toutes les puissances de l'Europe plus ou moins

---

1. *Corr. Nap.*, VII, 5911.
2. Aff. étr., *Corr. Vienne*, n° 372, fol. 185, 202.
3. Aff. étr., *Ibid.*, n° 372, fol. 195.

ébranlées par les convulsions de la République française; qu'il
fallait que ce repos fût général; qu'un seul État ne pouvait être
troublé sans que les États voisins fussent dans la crainte et l'inquiétude; que le germe révolutionnaire existant dans la Cisalpine,
et dont les progrès étaient toujours à craindre, ne pouvait être
étouffé que par le génie puissant qui seul avait triomphé en
France de cette hydre aux têtes renaissantes, et que le bon ordre
qu'il ferait régner dans cette contrée deviendrait un service rendu
à toute l'Europe. »

M. de Cobenzl « parut sentir cette vérité[1]. »

Le gouvernement autrichien se contint par la préoccupation
plus pressante encore des affaires d'Allemagne; son opposition
d'ailleurs n'aurait pu être que vaine, au moment où la paix était
signée entre la France et l'Angleterre. Mais, en réalité, il fut
très ému et inquiet des nouvelles d'Italie; il commença de comprendre l'ambition du premier Consul, et qu'il ne s'agissait plus
seulement de la fondation de républiques sœurs comme au temps
du Directoire, mais de l'établissement de la domination directe de
la France sur « l'Italie, » c'est-à-dire de la restauration d'un
empire d'Occident.

La constitution de la République italienne était faite aussi pour
ménager et même pour fortifier l'autorité du Consul-Président.
Ce fut la première forme du système des collèges électoraux de la
constitution française du mois d'août 1802, avec plus d'habileté
encore à dissoudre toutes les forces capables de limiter la puissance du chef de l'État. Il y a quelque intérêt à rapprocher par
la pensée ces deux constitutions, ne fût-ce que pour constater,
en France comme en Italie, les mêmes préoccupations politiques
de la part de Bonaparte, une très forte unité d'ambitieuse volonté,
ne fût-ce que pour y trouver une nouvelle preuve que la constitution Cisalpine ne fut pas l'œuvre des Cisalpins. Ces ressem-
blances, en effet, signifient sans doute que Bonaparte était plus
soucieux d'assurer partout son pouvoir que de tenir compte des
différences entre les deux nations, qu'il n'eut point l'intention de
préparer en Cisalpine l'organisation prochaine d'une république
indépendante. Aussi bien a-t-on vu plus haut que la constitution
de la République italienne a été rédigée, comme la constitution
française de l'an VIII, sous ses yeux, sous sa surveillance très

1. Aff. étr., Corr. Vienne, n° 372, fol. 227.

personnelle et très jalouse, et qu'elle n'a été l'objet, de la part des autorités ou des consultes de la Cisalpine, que d'une discussion et d'une approbation illusoires.

Il y a lieu de distinguer dans cette constitution, comme dans les constitutions françaises du même temps, le système des collèges électoraux, l'organisation du pouvoir législatif et celle du pouvoir exécutif[1].

Il y eut trois collèges électoraux, image savante des diverses classes de la population, avec exclusion adroite et instructive des masses populaires : les Possidenti, les Dotti et les Commercianti. Le premier, composé de trois cents membres, propriétaires fonciers d'un revenu annuel d'au moins 6,000 francs, devait se réunir à Milan. Les deux cents Dotti avaient leur siège à Bologne, les deux cents Commercianti à Brescia. Cette dispersion des lieux de résidence était destinée, en apparence, à donner satisfaction à l'amour-propre provincial, en réalité à affaiblir l'influence des collèges, seule représentation de la nation cisalpine. C'est un système analogue au morcellement de la consulte extraordinaire en cinq sections régionales. Les membres des collèges devaient être âgés d'au moins trente ans, et ils étaient élus à vie. Ils devaient se réunir au moins une fois tous les deux ans pendant quinze jours pour se compléter à mesure des décès et pour préparer les élections des députés. Cela était assez compliqué; en effet, les collèges électoraux devaient d'abord nommer la censure, sorte de grand tribunal électoral qui siégeait à Crémone, composée de vingt et un membres, neuf nommés par les Possidenti, six par les Dotti, six par les Commercianti. Les trois collèges présentaient alors à la censure des listes de candidats pour la consulte d'État, le corps législatif, les tribunaux de révision et de cassation et les commissaires de la comptabilité : les Possidenti présentaient une triple liste pour chacun de ces corps, c'est-à-dire une liste contenant trois fois autant de noms qu'il y avait à en désigner; les Dotti et les Commercianti présentaient chacun une liste double. Ajoutons que les trois collèges électoraux furent constitués presque complétement à Lyon, et que

1. Aff. étr., *Corr. de Milan*, n° 60, pièce 21. — Sclopis, *la Domination française en Italie de 1800 à 1814*, p. 50-57. Cet ouvrage fut d'abord un mémoire lu à l'Académie des sciences morales et politiques en 1861; il est extrait des archives de France et d'Italie; il nous a rendu les plus grands services.

le *Moniteur* du 11 pluviôse an X, qui renferme le procès-verbal des opérations de la consulte et le texte de la Constitution, renferme aussi une liste de deux cent soixante Possidenti, de cent quatre-vingt-deux Dotti et de cent quatre-vingt-six Commercianti.

Le pouvoir législatif est attribué à une consulte d'État et à un corps législatif. La consulte d'État est surtout chargée des affaires extérieures, notamment de l'approbation des traités et conventions; ses membres reçoivent un traitement annuel de 30,000 francs; elle a quelques traits de ressemblance avec le Sénat français de ce temps. Elle est composée de huit citoyens âgés d'au moins quarante ans, élus à vie par les collèges et la censure. Mais les premiers, qui ne furent pas renouvelés, furent nommés à Lyon, et la consulte extraordinaire n'avait même pas désigné de candidats, pour laisser toute liberté au choix du premier Consul.

Le Corps législatif est le véritable représentant de la nation cisalpine, une sorte de Chambre des députés; aussi, des soins particuliers furent-ils pris au sujet de son organisation. Il fait la loi, il approuve les budgets, il a une très grande autorité, mais elle est contenue dans de très étroites limites. Il désigne parmi ses soixante-quinze membres quinze orateurs, chargés d'exprimer son opinion; à propos de tout projet de loi, les orateurs doivent s'entendre avec le gouvernement; après quoi, deux orateurs et deux conseillers du gouvernement parlent devant le Corps législatif. Celui-ci, ainsi éclairé, exprime son vote muet et secret.

Les soixante-quinze membres du Corps législatif doivent être âgés d'au moins trente ans. Ils sont renouvelables par tiers tous les deux ans. Mais les premiers furent nommés à Lyon, d'une très ingénieuse façon. Les membres de la consulte extraordinaire (ils étaient quatre cent cinquante) dressèrent chacun une liste de soixante noms; ce qui donnerait un total de plus de vingt mille personnes; mais il est certain que beaucoup de listes se sont ressemblées en grande partie; en tous cas, on peut estimer, d'après les amitiés ou les jalousies personnelles, les rivalités provinciales, que les candidats furent très nombreux. Ces listes, centralisées par les cinq sections régionales, furent remises à Talleyrand, qui les transmit au premier Consul pour le choix définitif. Or, chose curieuse, elles disparurent presque aussitôt. En effet, quelques jours après, lorsque le comité des Trente s'occupa des propositions à faire pour l'élection des membres du gouvernement, Melzi réclama ces listes pour y rechercher les noms des citoyens les plus considérés; elles ne purent être retrouvées : Talleyrand affirma qu'elles étaient entre les mains de Melzi, qui affirma qu'elles étaient chez Talleyrand[1]. Quoi qu'il en soit, les soixante-quinze membres du Corps législatif furent nommés alors par le premier Consul, et leurs noms parurent au *Moniteur* du 11 pluviôse.

Or, nommé par le premier Consul sur des listes énormes présentées par une consulte extraordinaire dont l'élection elle-même avait été particulièrement soignée par les agents du premier Consul à Milan, ce Corps législatif, qui ne fut jamais renouvelé par les collèges électoraux, a fait, comme nous le verrons, une assez violente opposition aux mesures du gouvernement, et il fallut le briser. Qu'aurait-ce été s'il avait été élu librement? Et n'est-on pas en droit de conclure que l'opinion publique de la Cisalpine n'était pas favorable au régime que Bonaparte lui imposait?

Le pouvoir exécutif appartint au président, au vice-président, à des ministres et à un Conseil législatif. Le président est élu pour dix ans et indéfiniment rééligible; il a l'initiative des lois, des négociations diplomatiques; il nomme le vice-président, mais il ne peut l'écarter pendant la durée de sa présidence. Bonaparte eut peut-être un moment l'intention d'écarter Melzi, dès 1803 ou 1804; mais il ne s'y tint pas : Melzi était son garant devant l'opinion publique, et sa présence était comme le signe de l'indépendance de la Cisalpine. D'ailleurs, les événements de 1805 mirent Melzi à la retraite quand on n'eut plus besoin de lui. Le président a un traitement de 500,000 livres, le vice-président de 100,000.

Les ministres sont choisis et révocables par le président; seul le grand juge est inamovible, mais le président a le droit de le réduire à un vain titre en donnant ses fonctions à un secrétaire d'État de la Justice. Le Conseil législatif est composé de dix citoyens âgés d'au moins trente ans, nommés par le président, avec un traitement de 20,000 francs. Ce sont eux qui, semblables aux conseillers d'État de la constitution française, soutiennent

---

1. Aff. étr., *Corr. de Milan*, n° 60, pièce 49; Marescalchi à Talleyrand.

les projets de loi devant le Corps législatif en contradiction ou
d'accord avec les orateurs, qui jouent le rôle de nos tribuns.

A voir dans quelles conditions la consulte extraordinaire avait
été convoquée et élue, comment Talleyrand organisa et dirigea
ses délibérations, comment la candidature de Melzi à la présidence fut écartée, avec quelles précautions la constitution rédigée à Paris fut soumise au vote des représentants de la Cisalpine,
comment enfin elle distribua les pouvoirs de façon à tout ramener, comme en France, sous l'autorité du premier Consul, que
peut-on penser des discours de Bonaparte à Lyon, où, se rendant
aux vœux de la consulte, il déclarait qu'il conserverait encore,
« pendant le temps que les circonstances le voudront, » la grande
pensée des affaires de la Cisalpine? Il faut retenir qu'il ne prenait aucun engagement quant à la durée de ses pouvoirs, que
la constitution lui conférait la présidence pour dix ans et la
rééligibilité indéfinie, qu'il a donc tout fait pour établir dès lors
très fortement sa puissance, avec la pensée de demeurer le maitre
de l'Italie.

## II. — La République italienne.

Le 7 pluviôse an X (27 janvier 1802), en partant de Lyon, Bonaparte signa l'arrêté qui fixait au 20 pluviôse ou 9 février l'entrée en fonctions du gouvernement constitutionnel de la République italienne[1]. Il en prévenait en même temps les citoyens Sommariva et Ruga, membres de la commission provisoire de gouvernement, en les priant de ne faire jusque-là aucune opération extraordinaire.

Melzi n'arriva à Milan que le 7 février, très fatigué, et l'installation du nouveau gouvernement ne put avoir lieu que le 14. Elle fut présidée par Murat. Quelques discours furent prononcés à cette occasion, par lui notamment, par Sommariva au nom du gouvernement provisoire, et enfin par Melzi. La cérémonie fut parfaite, écrivait Murat à Talleyrand : « Ce qui la rendit principalement belle fut le contentement qui régnait partout et dont l'expression était dans toutes les bouches comme sur tous les visages[2]. »

La nouvelle République fut aussitôt dotée d'un drapeau national, vert, blanc, rouge. Les préfectures et sous-préfectures furent pourvues de leurs titulaires. La censure fut réunie en tribunal extraordinaire pour examiner les dilapidations commises pendant les désordres des années précédentes, et tout le pays en fut satisfait. Les puissances étrangères reconnurent sans tarder l'existence de la République italienne, la Prusse et l'Autriche tout d'abord : Bonaparte en donnait la nouvelle à Melzi dès le 12 mars. L'Angleterre pourtant s'y refusa, et il ne fut pas question de la République italienne dans le traité d'Amiens, pas plus que du roi d'Étrurie ou de la République de Gênes. Le premier Consul en voulait conclure que l'Angleterre se désintéressait de ce qui se

1. *Corr. Nap.*, VII, 5933.
2. Aff. étr., *Corr. de Milan*, n° 60, pièces 65 et suiv.

passait dans ces trois pays[1] : la conclusion était hardie. Il n'en
fut point arrêté d'ailleurs dans l'organisation du gouvernement
italien.

Il fonda le nouveau régime sur l'appui des classes conserva-
trices et de l'Église; il écarta de plus en plus du pouvoir les
« Jacobins », dont les partisans étaient surtout nombreux dans
les masses populaires et dont il avait à redouter les ambitions
révolutionnaires. Pour ne pas obliger la noblesse à changer ses
habitudes, le calendrier décadaire fut aboli en Italie[2]; on revint
au calendrier grégorien; les cérémonies du culte reprirent toute
leur ancienne régularité. Il en devait être bientôt de même en
France.

Dès la bataille de Marengo et ensuite à Lyon, le premier Consul avait été tout particulièrement préoccupé de s'accorder avec
le clergé italien; c'était en quelque manière une épreuve de ses
nouveaux rapports avec l'Église. Cela lui paraissait aussi urgent
que la constitution elle-même, et, à la séance solennelle de la
consulte extraordinaire où fut proclamée la constitution de la
République italienne, une loi organique sur le clergé fut aussi
promulguée et acceptée au nom du clergé par l'archevêque de
Ravenne[3]. C'était en quelque sorte une loi de garantie des droits
de l'Église en Italie. Il y était dit que « les évêques de la République cisalpine sont nommés par le gouvernement et institués
par le Saint-Siège, avec lequel ils communiquent librement pour
les affaires spirituelles ». Aucun changement ne devait être fait
dans les limites des diocèses; tous les biens du clergé régulier ou
séculier lui devaient être assurés.

Ce n'était que le premier dessein du Concordat à intervenir
entre la République italienne et le Saint-Siège. Le Concordat
français avait été achevé le premier. Le Concordat italien était
plus difficile à finir; l'Église catholique n'avait pas subi en Italie
les mêmes désastres qu'en France; elle n'avait pas perdu ses
biens; les couvents n'avaient pas été fermés ni les moines sécula-
risés. Car l'influence révolutionnaire n'y avait pénétré qu'en
1796, c'est-à-dire à un moment où le gouvernement français avait

<hr>

1. Aff. étr., *Corr. de Milan*, n° 60, pièce 115. — Melzi, II, 15. — *Corr. Nap.*,
VII, 5065, 5092, 6011.
2. Bignon, III, 295.
3. *Moniteur* du 11 pluviôse an X. — Botta, IV, 420-421.

cessé depuis longtemps de faire la guerre à la religion, et si, à l'instigation des généraux de l'armée de Bonaparte, le clergé avait souffert de quelques vexations personnelles, sa situation légale n'avait pas été atteinte. Surtout, la République italienne comprenait une partie des terres de l'Église, la Romagne, Bologne et Ravenne; la domination pontificale y était directement établie sur le clergé, et si à Milan le gouvernement nouveau pouvait aisément se faire reconnaître, comme au gouvernement autrichien avant lui, le droit de nomination des évêques, il n'en était pas de même dans la Romagne. Le pape y voulait conserver ses anciens droits, d'autant mieux qu'on ne pouvait rien lui offrir en échange.

Melzi sentait toute la gravité de cette question; il déclarait qu'il vaudrait mieux que la République perdît les anciennes légations que d'être bouleversée par des querelles religieuses que les droits particuliers de l'Église ne manqueraient pas de produire. Aussi la négociation du Concordat italien fut-elle longue; elle n'aboutit que le 16 septembre 1803; les ratifications en furent échangées à Paris entre le cardinal Caprara et Marescalchi, qui, comme ministre des relations extérieures de la République italienne, avait sa résidence auprès du premier Consul-Président[1]. Il fut publié à Milan le 26 janvier 1804 et complété alors par un décret organique qui en modifiait assez profondément le caractère.

Car, par suite des conditions particulières à l'Italie, le Concordat italien était plus favorable à l'Église que le Concordat français. La religion catholique, apostolique et romaine y était déclarée « la religion de la République italienne ». Le président de la République obtenait « les mêmes droits dont jouissait l'Empereur : il nommera aux évêchés et archevêchés des ecclésiastiques ayant les mœurs et les qualités exigées par les saints canons, et Sa Sainteté leur conférera l'institution canonique suivant les formes établies ». Ils devaient prêter entre les mains du président un serment de fidélité presque traduit du serment du Concordat français. Mais aussi « les biens qui sont affectés à la dotation des évêchés, archevêchés, chapitres, séminaires et pour la fabrique

---

1. Arch. nat., AF ɪᵥ, 1708. — *Moniteur* du 25 nivôse an XII (le texte en trois langues, latin, français, italien). — Sclopis, p. 60.

des églises ne pourront être aliénés ni subir aucun changement que d'accord avec le Saint-Siège. — Les ordres religieux qui servent à l'Instruction publique et aux hôpitaux seront mainte-nus. Tous les religieux appartenant aux autres ordres devront rester dans les couvents soumis à leur règle et auront le droit de porter leurs habits jusqu'à ce qu'ils s'éteignent ».

Ainsi, il n'était pas question de la situation spéciale aux anciennes légations ; elles entraient dans la condition commune aux autres parties de la République italienne. Mais les avantages territo-riaux de l'Église lui étaient partout conservés et en vérité ne pouvaient pas lui être retirés. La plupart des couvents étaient maintenus. Melzi demeurait inquiet de la grande puissance ainsi garantie à l'Église, car il avait dès l'enfance été pénétré de la libre doctrine des philosophes du xviii° siècle : « Nous aurons affaire, écrivait-il à Bonaparte, à des personnes qui sont plus que prêtes à nous chicaner, et surtout à la droite du Pô... J'espère que vous approuverez que ma conduite soit donc réglée sur le principe que l'on n'a pu ni voulu dans le Concordat déroger ni diminuer en rien le droit de la souveraineté[1]. » Aussi, dans le décret organique du 26 janvier 1804, fit-il préciser avec grand soin les droits suprêmes de l'État sur le clergé italien ; il fit éta-blir notamment qu'aucune bulle ou bref de la papauté ne pourrait être publié dans la République italienne sans l'autorisation du gouvernement. Aussi bien était-il à cet égard d'accord avec le premier Consul, et ses précautions ne sont pas autres que celles des articles organiques annexés au Concordat français. Le pape Pie VII protesta contre les uns et contre les autres, en vain des deux côtés. Bonaparte n'était pas disposé à rien aliéner des droits du pouvoir civil.

Il lui plaisait de prendre à son service toute la force morale de l'Église, mais aussi de faire à cette nécessité politique les moindres sacrifices, et il exerça sur le clergé italien une autorité parfois assez rude. On en jugera par cet épisode qu'un peu plus tard, en 1806, le prince Eugène exposait à Napoléon :

Sire, il y avait à Cornalba, département du Serio, une femme nom-mée Maddalena Vestali qui se faisait passer pour sainte et qui avait

1. Arch. nat., AF iv, 1708 (3) sept. 1803).

déjà réussi à abuser un certain nombre des crédules habitants de ce pays. Cette femme prétendait avoir des extases et avoir été stigmatisée; elle avait été recueillie par le curé de l'endroit, qui l'aidait de ses fourberies et avait lui-même cherché à faire croire qu'une figure de la Vierge en cire s'était d'elle-même tournée vers cette femme.

Le directeur de la police, après avoir fait arrêter cette femme et ce curé et les avoir fait tous deux transférer dans les prisons de Bergame, m'en informa et me demanda mes ordres.

J'ordonnai que Maddalena Vestali fût enfermée pour six mois dans une maison de correction. Le ministre du culte, consulté par le directeur de la police, était d'avis que le curé fût renvoyé dans sa paroisse après une forte réprimande. Je n'adoptai point cette proposition. Il me sembla que le curé était beaucoup plus répréhensible que la prétendue sainte, puisque, outre les intentions très suspectes d'un pareil manège, il avait profané le sacerdoce en faisant servir la religion à ses vues criminelles. J'ai, en conséquence, prononcé sa destitution et invité le ministre du culte à pourvoir sur-le-champ à son remplacement, mais j'ai cru devoir ordonner de plus que ledit curé garderait prison pendant le même espace de temps que sa complice[1].

Cependant, le nouveau gouvernement de la République italienne consacrait tous ses efforts à l'organisation et à la prospérité du pays. Bonaparte tenait la main à ce que ce fût « un gouvernement réparateur »; c'est le titre que les Mémoires de Melzi donnent au chapitre consacré à cette époque; il serait injuste de n'en pas attribuer le mérite, pour la plus grande partie même, au président Bonaparte.

Une des premières lois qui furent présentées au Corps législatif fut destinée à la création de l'instruction publique, où il y avait tout à faire et où beaucoup fut fait dans le temps même où en France était réglementé l'enseignement secondaire par l'institution des lycées. La loi du 8 septembre 1802 distingua le degré élémentaire représenté par les écoles communales, le degré moyen représenté par les écoles départementales et le degré transcendant représenté par l'État; les frais du premier degré étaient laissés aux communes, du deuxième aux départements; l'État ne se chargeait que de l'entretien des grandes écoles; il y avait,

1. Arch. nat., AF IV, 1631.

dans cette répartition des dépenses en proportion de l'intérêt, une idée ingénieuse, qui fit place un peu plus tard au système de la centralisation absolue. L'édifice de cet enseignement public était couronné, dès le 16 septembre 1802, par la création de l'Institut national italien, dont Bonaparte tint à être le président[1]. On sait combien il avait désiré être de l'Institut de France et qu'il y attribuait la plus grande importance pour son prestige même auprès de ses soldats les plus incultes. Il eut peut-être l'espérance que l'Institut d'Italie contribuerait au relèvement intellectuel et artistique de la nation, comme l'Institut d'Égypte devait tirer l'Égypte des sables; il eut du moins la conscience nette que cela était une part importante de sa fonction.

Il était convaincu aussi que les manifestations extérieures importent au prestige du pouvoir, que les panaches, les ors, les grands cortèges et la magnificence des palais sont utiles à éblouir les peuples et à les tenir dans la soumission. Il eût voulu que Melzi s'installât au Palais national de Milan; mais Melzi était simple de goûts, effrayé de toute représentation; il se tint chez lui. Pourtant il présida, sous la haute direction de Bonaparte, aux travaux qui furent aussitôt entrepris à Milan et qui furent poussés avec une activité toute napoléonienne. Le Dôme, la cathédrale de Milan, fut enfin terminé : « On en fit plus, dit Botta, dans l'espace de quelques années qu'on n'en avait fait pendant plusieurs siècles[2]. » Le Forum Bonaparte fut construit sur l'ancien emplacement des murs du château de Milan; « ce fut, dit encore Botta, une œuvre admirable et digne de la grandeur romaine ». Et cet historien n'est pas suspect de tendresse à l'égard de Bonaparte. « On refusait la liberté à Milan, dit-il, il fallait bien qu'on lui donnât la magnificence. » — « Les lettres et les sciences florissaient, dit-il encore, mais inspirées par la flatterie bien plus que par l'indépendance. Vouliez-vous parler avec quelque liberté, vous étiez aussitôt confiné dans un certain lieu d'où personne ne pouvait plus vous entendre. »

« En un mot, conclut-il à ce sujet, la littérature était esclave, les finances prospères, l'armée respectable, la liberté nulle. » Les épithètes élogieuses balancent harmonieusement les autres. Et

1. Arch. nat., AF iv, 1707.
2. Botta, IV, 425.

ces témoignages ont du poids venant d'un adversaire déclaré du régime où l'Italie était asservie[1].

La prospérité du pays fut en effet incontestable. De bonne heure, les poids et mesures furent unifiés dans toutes les régions de la République et préparèrent entre elles des relations plus étroites et fructueuses[2]. La banque de Milan fut instituée et put fournir aussitôt des ressources aux travaux publics. Bonaparte s'occupa avec une sorte de fièvre de la construction de la route du Simplon. Il pensait avoir à se rendre prochainement à Milan et il eût voulu prendre cette route; elle rapprochait considérablement Milan de Paris; il avait constitué le Valais en république sous son protectorat pour mieux disposer du passage, et il pressait les travaux. Ils devaient être achevés à frais communs entre la France et la République italienne, et d'abord, pour ménager l'amour-propre des Italiens, ils furent admis à diriger eux-mêmes par leurs ingénieurs la construction sur le flanc méridional des montagnes; puis, tout en gardant leur argent, on mit leurs ingénieurs sous la direction des ingénieurs français, sous prétexte qu'il fallait assurer, pour plus de hâte, l'unité de l'entreprise. Il y eut des correspondances délicates entre Bonaparte et Melzi. Bonaparte l'emporta; il ne resta à la République italienne que l'honneur de contribuer de ses deniers à ce grand ouvrage; elle eut l'avantage aussi d'être plus à portée du premier Consul et de ses bienfaits[3].

En attendant, on se réjouissait de toutes les marques de sa bonté. Marescalchi lui écrivait, le 25 novembre 1802 :

Le peintre David est venu m'inviter à aller voir un portrait auquel il travaillait et dont il m'a fait entendre que vous vouliez faire présent au gouvernement de la République italienne. Je me suis rendu à cette invitation avec tout l'empressement qu'elle devait naturellement exciter, et je ne puis m'empêcher de vous témoigner combien j'ai été frappé de la beauté de cet ouvrage, dans lequel l'artiste m'a paru se rendre presque digne du sujet. Mais ce qu'il m'est bien moins possible encore de contenir, c'est l'expression de la reconnaissance dont cette nouvelle marque de bonté paternelle m'a pénétré.

Quel don plus précieux pourriez-vous faire au peuple italien que

1. Melzi, I, 297-298. — Bignon, III, 279. — Botta, IV, 424-426.
2. Melzi, I, 295-296.
3. Arch. nat., AF IV, 1707.

celui de l'image du héros qu'il admire, qu'il respecte, qu'il chérit et
à qui il a confié toutes ses destinées? Avec quels transports ce don
sera reçu et contemplé[1]!

C'est sans doute un morceau de cette littérature dont parle
Botta.

Melzi lui-même, dans un message au Corps législatif, le
1er septembre 1802, explique tout au long que tout est pour le
mieux dans la meilleure des républiques. Les rapports de la République avec toutes les puissances étrangères sont excellents; on
put craindre que le résultat des comices de Lyon n'amenât la
guerre; cette crainte a été vaine, ils ont été suivis au contraire
de la paix générale. L'Autriche elle-même a reconnu loyalement
l'indépendance de la nouvelle République, dont l'avenir est ainsi
garanti par tous les gouvernements. Au dedans, les divisions et
les dissensions d'autrefois disparaissent; les Italiens n'avaient
« ni les idées pratiques ni les coutumes ni ce sentiment national
qui est le premier élément de la force et de la grandeur d'une
nation; désormais, des sentiments communs sont nés; les magistrats issus d'une même autorité, représentants d'un même peuple,
ont une grande influence morale à exercer et contribueront
puissamment à la fondation de l'unité nationale. Mais il y a
beaucoup à faire pour achever cette œuvre; c'est tout un nouvel
ordre de choses à créer; il a fallu déjà à ces besoins extraordinaires des ressources extraordinaires; il y a d'autres institutions
nécessaires auxquelles il faudra pourvoir; les progrès accomplis
autorisent d'autres espérances; la tutelle de Bonaparte aidera à
les réaliser; il y a lieu déjà de remercier l'armée française de
son exemplaire et généreuse conduite dans la paix[2] ».

Il y a dans cet exposé de la situation une grande part de
vérité. Le gouvernement de Bonaparte assurait dans toute la
République l'ordre le plus parfait et une réelle prospérité matérielle. Mais les messages officiels ne sont pas faits pour dire toute
la vérité; le Corps législatif était d'ailleurs assez mal disposé
pour que le vice-président ne donnât point lui-même en son message matière à son esprit d'opposition. Et les rapports confiden-
tiels que Melzi adressait au premier Consul par l'intermédiaire
de Marescalchi étaient d'un tel ton que celui-ci les retenait sou-

1. Arch. nat., AF iv, 1707.
2. Melzi, I, 603-616.

rent et n'en communiquait à Bonaparte que le résumé. C'était
assez pour que Bonaparte n'en fût pas content, et il écrivait à
Melzi : « Dans votre correspondance secrète, il n'y a pas un mot
qui ait du sens[1]. » On n'est pas obligé d'être de cet avis; il faut
étudier le vrai sens de ces dépêches. Ce sera le revers de la
médaille.

On observe, dans les relations de Bonaparte avec les Italiens
après la consulte de Lyon, de continuels malaises; ils lui
témoignent extérieurement, officiellement, de la reconnaissance;
il demeure pour eux le bienfaiteur, sinon le libérateur; mais parfois les plaintes leur échappent; ils sentent le bien qu'il leur a
fait, mais aussi la servitude où il les retient; ils regardent vers
Paris avec défiance.

Le 11 septembre 1802, le Piémont fut annexé à la France. Les
Cisalpins craignirent pour bientôt le même sort, ou au moins ils
se persuadèrent que Bonaparte ne tarderait pas à s'attribuer la
présidence à vie, comme en France. Ils ne le connaissaient pas
encore tout à fait.

Le 30 mai 1802, Melzi annonçait à Bonaparte la clôture de la
première session des collèges électoraux et de la censure. Il se
félicitait du fonctionnement de ces assemblées :

Dans le plein succès de l'idée neuve qui en est le fondement, vous
trouverez la plus belle sanction de la constitution que vous nous
avez donnée... Sans doute que les intrigants ont cherché à se faire
valoir par leurs manèges ordinaires; mais toutes les intrigues ont été
noyées dans une immense majorité animée par l'amour du bien[2].

Cependant, à propos de la même session, dans un long rapport
au premier Consul, le même Melzi manifestait moins de satisfaction; il faisait plutôt un triste tableau de la situation[3]. C'était
trois mois seulement après la consulte de Lyon; ce qui s'y était
passé avait sans doute singulièrement diminué l'enthousiasme
qu'on avait pu éprouver d'abord pour Bonaparte; car voici
quelques-uns des résultats obtenus : « La convocation des collèges électoraux n'a pas fait la moindre impression dans les
esprits de leurs membres et ils ont paru regretter la peine qu'ils

1. *Corr. Nap.*, VII, 6150.
2. Arch. nat., AF IV, 1707. — Melzi, II, 66.
3. Melzi, II, 29-61. — Sclopis, 160-181.

s'étaient donnée pour arriver. » — Il est vrai qu'on leur laissait bien peu à faire! — « La plus grande froideur a régné dans les deux collèges des marchands et des propriétaires, et si dars celui des lettrés il a paru exister quelque mouvement, c'était dans un esprit absolument faux. » Ils refusèrent de nommer une mission pour porter à Bonaparte les hommages de l'assemblée; ils ne consentirent qu'à écrire une lettre dans ce sens, et encore on eut de la peine à trouver quelqu'un pour la rédiger. Après quinze jours de séances, les marchands estimèrent que c'était bien du temps perdu, et les savants réclamèrent hautement une indemnité pour les frais du voyage, protestant que, sans cela, ils n'étaient pas en état de le faire une seconde fois.

La censure au contraire s'intéressa trop à ses fonctions; elle prétendit à une sorte de permanence : « C'est là, observe Melzi, une pente de nature à se donner une consistance qui deviendrait nécessairement dangereuse et qui, malgré la lettre, est contraire à l'esprit de l'institution. »

Le Corps législatif montra le même ton d'indifférence et de froideur que les collèges. Il y exista d'abord une grande envie de faire du bruit; mais, dès qu'ils eurent été déjoués dans leur idée de rendre les séances publiques, ils furent tout déconcertés, et sans quelques intrigants il n'y aurait peut-être eu ni chicanes ni tracasseries. En somme, le nombre des législateurs qui se montrèrent constamment bien intentionnés fut fort petit. Tout le reste afficha une légèreté, une insouciance qui ne contribua que trop à avilir le Corps législatif dans l'opinion générale; on en entendit quelques-uns, dans les assemblées ou les loges du théâtre, devant les étrangers, s'acharner à couvrir de ridicule et d'odieux les mêmes lois qu'ils avaient faites la veille ou le matin, à proclamer leur défiance sur le sort de la République, leur répugnance pour tout ce qui s'y rapporte, à accuser le gouvernement même de faiblesse ou de trahison. Pour éviter des échecs trop graves, il fallut leur soumettre les projets de lois en bloc : « Une phrase, un mot les faisait rejeter, sans qu'on pût seulement démêler d'une manière sûre d'où venait le rejet. »

Dans le gouvernement, il n'y avait pas plus d'harmonie ni de bonne volonté. La Consulte, fière de son inamovibilité, voulait absorber tout le pouvoir et jouer au moins le rôle du Sénat français. Le Conseil législatif se mettait en opposition, si bien que Melzi proposait déjà un décret pour modifier ses attributions. Les

ministres étaient mal servis par leurs commis; ils manquaient
d'autorité à cause de leur dépendance de Paris, et surtout on se
plaignait autour d'eux de l'insuffisante organisation du ministère
des relations extérieures, dont le titulaire, Marescalchi, étant à
Paris, ne paraissait être, — comme il était, — que le serviteur des
volontés du premier Consul; et c'était donc comme la preuve
matérielle que la République n'avait pas de liberté.

Il y avait bien d'autres misères encore à signaler, les agitations des factieux, notamment des partisans de l'ancien gouvernement (c'est le parti des Jacobins et des voleurs, dit aimablement
Melzi), les difficultés suscitées par l'occupation française, les
jalousies entre les diverses régions de la Cisalpine, dont chacune
veut des libertés particulières, dont la plupart refusent l'obéissance au gouvernement de Milan.

Ce rapport de Melzi se résumait dans la déplorable constatation
que les Italiens n'avaient ni esprit politique ni esprit national,
qu'ils n'étaient pas capables d'appliquer raisonnablement la
constitution ni de comprendre les intérêts communs de la République, qu'il faudrait beaucoup de temps pour achever leur éducation; et le vice-président concluait qu'il n'était pas de force
à accomplir une œuvre pareille, qu'il était désespéré dès le début,
qu'il pliait déjà sous le poids de sa responsabilité et il demandait
à Bonaparte de l'en décharger : « Abstraction faite de la volonté
de Bonaparte, disait-il, le problème de la République italienne
n'est pas encore résolu; notre situation est telle que, s'il retirait
sa main un instant, nous retomberions dans la plus funeste anar-
chie. C'est donc à lui de découvrir le secret de donner à son
ouvrage des bases plus fermes et la consistance nécessaire pour
en assurer la durée... J'invoque pour ma patrie ce génie pater-
nel qui en est la première comme la dernière espérance. »

Bonaparte entendit cette invocation, car tout cela n'était pas
fait pour le détourner du gouvernement personnel de l'Italie; à
mesure qu'il sentirait de l'opposition, il fortifierait au contraire
son autorité; il eût été dès lors très dangereux de l'affaiblir en
quelque manière; il allait fatalement à la domination de plus en
plus absolue de l'Italie. Cela s'accordait avec les mystérieux desseins de son imagination impériale.

Les difficultés s'aggravèrent en effet de jour en jour, et il est
impossible de prévoir ce que l'Italie serait devenue si Bonaparte
l'avait abandonnée à elle-même : c'est l'excuse et ce fut la grande

force de son ambition. Le Corps législatif, quoique nommé à
Lyon, ne cessa pas de faire de l'opposition. Les « exagérés »,
comme dit Melzi, des ex-Vénitiens surtout, formèrent, à la session de 1803, une assez redoutable cabale, autour de Salimbeni
et Dalfiume, que l'on connaissait pour être des familiers du général Murat[1] : ce qui n'était pas pour faciliter le rôle du vice-président. Ils firent de l'opposition au Concordat, trop favorable au
clergé; ils combattirent de parti pris toutes les propositions du
gouvernement; dans la plupart des cas, il n'eut pour lui que
13 voix sur 75 : c'est peut-être une proportion assez exacte du
nombre des partisans de Bonaparte en Cisalpine. Lorsqu'à la fin
de l'année 1803, il fallut songer au renouvellement partiel du
Corps législatif par les collèges électoraux, l'opposition prétendit
exclure désormais de l'assemblée les prêtres, les militaires, tous
les fonctionnaires plus ou moins dépendants du pouvoir exécutif.
Ç'aurait été une épuration tout à fait contraire à celle que Bonaparte exécuta dans le Tribunat, et elle lui eût réservé des désa-
gréments s'il n'y avait pas mis bon ordre. Melzi en venait déjà à
lui proposer une réforme de la constitution, à parler de la suppression peut-être nécessaire du Corps législatif; mais, disait-il
à Marescalchi, si l'on doit reviser la constitution, il faudra en
faire une étude approfondie et non pas « une indigestion précipi-
tée comme à Lyon[2] ». Ce sont des conseils où Bonaparte ne tarda
pas à trouver son compte.

Aussi avait-il grand soin de réserver tout l'avenir. Et il main-
tenait en Italie une forte armée d'occupation très lourde aux
habitants du pays. C'est une sorte de refrain plaintif qui sans
cesse revient dans les rapports échangés entre Milan et Paris.
Écoutons-le un moment.

Les généraux français se plaignent de la défectueuse administration avec laquelle ils ont affaire, de la mauvaise qualité des
subsistances qu'on leur fournit, des retards qu'on met à les payer,
de la malveillance ordinaire des populations. Les soldats font de
la contrebande; en mars 1803, quelques soldats de la garnison
de Côme ont été pris à ce métier et on leur a confisqué leurs
petits profits; dans la nuit suivante, ils tombent à main armée sur

1. Melzi, II, 138 (à Bonaparte).
2. Melzi, II, 603-616.

la maison de la douane, reprenant leur butin et d'autres petites choses ensemble[1].

Les fournisseurs qui ont des difficultés avec l'administration militaire française imaginent de porter leurs créances au compte de la République italienne, sous la forme des frais d'entretien du corps d'occupation[2].

Bonaparte lui-même tient la main au paiement exact et rigoureux des sommes qui sont dues à son armée. Il a consenti, le 28 février 1802, que les principales villes de l'intérieur, Milan, Bologne, Modène, fussent délivrées des garnisons françaises; mais il a précisé ses exigences à l'égard de la République : il faut qu'elle paie mensuellement 1,800,000 francs. Les généraux français prétendent ensuite se faire payer en supplément la solde et les vivres des cinq jours complémentaires de la fin de l'année républicaine[3]. Le premier Consul a décidé que le général en chef serait logé à Milan avec un supplément de solde de 30,000 francs pour ses frais de représentation; Murat affirme qu'il s'agit de 30,000 francs « par mois »; Melzi a compris « par an »; il demande bénévolement des éclaircissements au premier Consul, qui d'ailleurs lui donna raison et calma l'avidité de son beau-frère[4].

Mais aussi il faut que la subvention de la République italienne soit payée très exactement en numéraire chaque mois à Paris entre les mains de Barbé-Marbois, ministre du trésor public[5]. Melzi fait observer les ennuis qui en résultent, les pertes irréparables que subit le trésor italien si pauvre par cette continuelle sortie de numéraire : « Cela, dit-il, va nécessairement arrêter dans son premier développement tous les progrès de la République italienne... Le conflit entre nous et nos finances était déjà périlleux; le conflit entre nos finances et celles de la France devient mortel[6]. » En vérité, il souffre de cette subvention, qui ainsi a tous les caractères d'un tribut. Bonaparte ne s'en émeut pas.

Melzi ne se fatigue point de se plaindre et de défendre son budget : les charges du pays sont accablantes; le seul département

1. Melzi, II, 457 (à Murat).
2. Melzi, II, 111 (à Bonaparte).
3. Melzi, II, 12, 99.
4. Melzi, II, 22. — Arch. nat., AF ɪv, 1707.
5. *Corr. Nap.*, VII, 6373. — Melzi, II, 101.
6. Melzi, II, 109 (à Bonaparte).

de l'Olona paie aujourd'hui 1/9 de plus que ce que toute la Lombardie et le Mantouan payaient ensemble autrefois à l'Autriche. Au total, la République italienne donne à l'armée française presque le tiers de son revenu; en effet, pour 1804, sur un budget de 90 millions de lires (la lire valant alors 76 centimes), il y a 52 millions pour la guerre, dont 25 1/2 pour les troupes françaises[1].

Bonaparte ne changea rien aux dispositions qu'il avait prises. Car il apparait de plus en plus qu'il ne se préoccupait pas surtout des intérêts et des volontés du peuple cisalpin. En dépit du traité de Lunéville, où il avait déclaré que la République italienne serait une nation libre et indépendante, en dépit des éloquentes assurances données aux députés italiens à Lyon, elle n'était qu'un instrument de sa puissance, un élément de ses combinaisons politiques; il y continuait la tradition des commissaires du Directoire; il y faisait au delà des Alpes l'apprentissage du gouvernement impérial.

Au commencement de l'année 1803, le capitaine Ceroni, de l'armée italienne, écrivit quelques vers contre la domination française. Ils avaient pour épigraphe cette devise d'espérance : « Scilicet et tempus veniet. » Il y était question de l'odieuse cession de Venise à l'Autriche, de « l'iniquo mercato dell' Isonzo », du brigand de France qui, couvert du sang royal, accourt en criant : « La liberté ou la mort! » pour changer ensuite la liberté en tyrannie; et le poète enfin suppliait la terre d'engloutir à la fois le donateur et le don :

O terra, ingoja il donatore e il dono[2]!

Ces vers avaient été adressés par l'auteur à un membre du Corps législatif, Cicognara, au général Teulié et au préfet Magenta, qui, liés avec lui, l'avaient remercié de son envoi en termes variés.

Les officiers français du corps d'occupation connurent cette petite histoire; ils en éprouvèrent, ils en manifestèrent surtout une très vive émotion. Il est vrai qu'elle était la preuve d'un état d'esprit qui n'était pas favorable au régime de la domination

1. Sclopis, 71. — Melzi, II, 216 (à Bonaparte).
2. C. Cantu, *Corrispondenza dei diplomatici della Reppublica e del Regno d'Italia (1796-1814)*, p. 41, note.

française; il est certain que l'opinion publique en Italie s'y montrait de plus en plus hostile, et à cet égard les sonnets de Ceroni sont assez caractéristiques. Mais, dans l'entourage de Murat, on s'empressa de donner à cet incident une importance exagérée; on y voulut voir la preuve d'une gigantesque conspiration tramée contre les Français, le signal de Vêpres sanglantes comme celles de Vérone; on voulut en chercher partout les traces; l'imagination et la bonne volonté aidant, on en trouva jusque dans l'entourage du vice-président, on le mêla lui-même au complot; on avait des preuves : on connaissait une lettre du chancelier autrichien Cobenzl à son agent à Milan, le baron de Moll, dans laquelle il y avait des choses aimables pour Melzi; donc celui-ci trahissait.

On connaissait l'existence d'un club secret qui se réunissait la nuit, souvent, chez un certain Reina; on avait des détails sur ce qui s'y passait et surtout sur une séance particulièrement grave. Le nommé Reina y avait prononcé un grand discours sur l'état de l'Europe : « Le Portugal et l'Espagne sont des tributaires de la France, avait-il dit; Madrid n'est plus qu'une vache échue au bercail de la France. La Suisse, la Hollande, les petits princes allemands ne sont plus que des oisons dans ce troupeau domestiqué. La République italienne seule a une apparence plausible d'indépendance, grâce à la fermeté de M. Melzi, qui, comme un nouvel « Orazio solo contro la Francia tutta », l'a délivrée des griffes de qui n'aspirait qu'à l'enchaîner et à lui mettre le mors... Si, obéissant à la force des circonstances, M. Melzi a dû couvrir le sacré jeu de la liberté, il ne l'a fait que pour la mieux conserver; c'était un droit à lui réservé, qui, à l'unanimité des voix, avait été élu président à Lyon et qui, cédant à la force, dut se contenter d'être un vice-président. » Et l'orateur, se tournant vers Melzi, concluait : « L'horizon est couvert d'épais nuages; les amis de la liberté se reposent en vous; ils n'espèrent de la conserver que par votre intrépide prudence. » Applaudissements. On sert alors des sorbets et, en la présence des domestiques, on ne laisse échapper que des mots indifférents. Puis, les domestiques éloignés, un autre conspirateur fait un retour sur l'histoire : il avait espéré que Bonaparte ne se serait pas laissé enivrer par la gloire dans laquelle il nage comme une baleine dans l'immensité de l'Océan; mais il faut bien constater que désormais son ambition est dangereuse pour l'Italie, qui ne peut être sauvée que par une puissante intervention étrangère; car il n'est pas possible que la paix dure longtemps; on parle de la rupture entre la France et l'Angleterre; l'Autriche sans doute aussi s'y intéressera.

Le petit chien peut quelquefois s'échapper lorsque le mâtin et le grand dogue se mordent; espérons au reste que la belle cause de la liberté, qui est l'arbre de Dieu, ne périra pas et qu'on nous conservera malgré l'effort des vents occidentaux. Un coq avait déjà éplumé toute la tête d'une poule pharaonne lorsqu'un aigle, fondant sur l'agresseur, rendit le salut à la petite bête[1].

Le récit est pittoresque; il est dommage qu'il ne soit pas signé, que l'auteur ne soit pas un témoin de cette scène et qu'il rapporte seulement ce qu'*on* lui a dit. Il est bien probable d'ailleurs que, dans une grande partie de la société italienne, on ne se privait pas de parler de la sorte, sinon en des termes aussi colorés.

Un certain Haret, que Melzi a interrompu dans des opérations financières qui promettaient d'être fructueuses, raconte aussi des histoires du même genre : que le vice-président répète partout avec amertume la manière dont Bonaparte a été élu à Lyon, qu'il se plaît à lancer des diatribes contre Talleyrand, qu'il voit bien souvent le commissaire autrichien baron de Moll, que la garde du palais de Melzi est habillée à l'anglaise, qu'en l'absence du général Murat Melzi a fait prendre le modèle de son argenterie pour en faire faire une semblable en plaqué anglais, qu'il y a dans l'entourage du vice-président beaucoup d'espions de l'Angleterre ou du gouvernement napolitain[2].

Il faut passer sur toutes ces inventions, qui n'ont pas d'autre intérêt que de montrer l'animosité qui ne faisait que grandir entre les Français et les Italiens à Milan : le premier Consul y donna un moment quelque importance; il crut le vice-président coupable au moins de faiblesse; il crut que les agents de l'Autriche et de l'Angleterre étaient occupés, en effet, à préparer un soulèvement de toute l'Italie, et l'affaire Ceroni eut d'abord quelque gravité. Ce fut comme une petite crise où s'exaspérèrent pendant quelques jours les sentiments hostiles.

A la première nouvelle de cette affaire, Melzi écrivit à Bonaparte et à Murat qu'elle n'avait pas la moindre portée; que,

1. Arch. nat., AF iv, 1631.
2. Aff. étr., *Corr. de Milan*, n° 60, pièce 308.

pour modifier les dispositions des esprits italiens, il valait mieux
employer la modération et la douceur que de faire un éclat; que
le temps adoucirait bien des rancunes, moyennant quelque crédit
de patience. Bonaparte ne fut pas de cet avis; il pensa qu'il fallait sévir aussitôt pour décourager à l'avenir toute tentative mal-
veillante. C'est la différence des deux tempéraments[1].

Le premier Consul écrivit à Melzi une lettre très sévère :

Je n'ai pu voir qu'avec une vive douleur les principaux fonctionnaires de la République travailler les têtes et provoquer toutes
les passions contre la France; tous les efforts que j'ai faits pour
rendre l'Italie à l'indépendance seraient-ils infructueux, et serait-il
irrévocablement dans le sort de ce pays de ne jamais rien être?

Quel est le plus grand crime que puisse commettre aujourd'hui un
citoyen contre le bonheur et la tranquillité publics? N'est-ce pas
d'inviter ses compatriotes à payer les Français de la plus noire ingra-
titude et à montrer à ceux-ci le compte qu'ils doivent faire sur
les sentiments des citoyens de la République italienne...? Tout cela
se traduit ici par l'image des Vêpres siciliennes. La faiblesse du gouvernement à Milan passe tout ce qu'il est possible de concevoir[2].

Et des ordres furent donnés pour l'arrestation des coupables.

La Consulte, en effet, se réunit extraordinairement le 11 avril.
Le poème incriminé fut déclaré séditieux et injurieux à la nation
française. Ceroni fut condamné à la perte de son grade et à
trois ans de relégation; Cicognara et le général Teulié furent
destitués et astreints à la résidence que fixerait le pouvoir exécutif; le préfet Magenta fut libéré.

Melzi fut très mécontent. Il avait adressé le 21 mars au premier Consul une longue justification de sa conduite[3] : il ne s'est
jamais dissimulé, dit-il, l'état des esprits en Italie à l'égard de la
nation française; mais il estime toujours que cela doit être traité
comme on traite les passions, par la raison et par le temps, et il
se félicite que la tranquillité n'ait pas cessé de régner, malgré
toutes les mauvaises volontés. Mais ses plus grands ennemis et
les plus grands ennemis de l'État sont les ambitieux et les intrigants qui ne cherchent qu'à nuire au gouvernement actuel dans
l'esprit du premier Consul, pour arriver à le renverser et à s'em-

1. Sclopis, 61. — Melzi, II, 451 (23 février 1803).
2. *Corr. Nap.*, VIII, 6622 (11 mars). — Melzi, II, 123.
3. Arch. nat., AF iv, 1703. — Melzi, II, 143-153.

parer eux-mêmes du pouvoir; « les individus de cette clique » ont réussi à agir sur l'esprit même du général Murat; ils lui ont persuadé qu'il se trame dans toute l'Italie une redoutable conspiration contre les Français et que le vice-président est au moins coupable d'indulgence, sinon de complicité. Dans ces conditions, Melzi déclare qu'il ne peut plus garder sa part du pouvoir; il prie le premier Consul d'accepter sa démission.

Il semble bien que Melzi découvrait dans cette lettre toute la vérité. Murat, depuis son arrivée à Milan, rêvait d'y avoir toute l'autorité; il avait été déçu par la consulte de Lyon et par la nomination de Melzi à la vice-présidence; mais il entrait dans ses plans ambitieux de lui rendre la situation aussi difficile que possible, convaincu que, s'il parvenait à le renverser, il était tout désigné pour le remplacer et pour exercer désormais le gouvernement de l'Italie. Le 12 décembre précédent, un journal de Paris, *le Publiciste*, avait inséré cette note : « Des lettres d'Italie annoncent que le vice-président de la République italienne, le citoyen Melzi, va entreprendre un voyage dans ses propriétés en Espagne et que le général Murat remplira provisoirement ses fonctions. » C'était une invention dont tout le monde ne fut pas dupe.

Bonaparte comprit aussi le véritable caractère de l'affaire Ceroni. Entre Melzi et Murat, il n'hésita pas à préférer Melzi, ou plutôt il les garda tous deux : le premier lui était utile pour contenir les inquiétudes des Italiens et représenter à leurs yeux l'apparence au moins de la liberté; le second pour les tenir sous le joug, surveiller et châtier les malintentionnés.

Au reçu de la lettre de démission du vice-président, il lui écrivit aussitôt : « Vous avez tort de penser que j'aie jamais varié d'opinion sur vous, et j'espère, si vous avez un peu d'amitié pour moi, que toutes les tracasseries finiront[1]. » Le pauvre Melzi fut tout ému de cet appel à son amitié, et, coup sur coup, il adressa à Bonaparte les expressions de la plus humble reconnaissance : « Je n'ai pas d'expression pour vous rendre tout ce que votre bonté m'inspire. Elle est trop grande pour l'atteindre. Je ne puis que vous garantir que je le veux bien de tout mon cœur et de toutes mes forces. De tout le passé, je ne sens plus que le chagrin de celui que j'ai dû vous causer bien malgré moi. » — Et encore,

1. *Corr. Nap.*, VIII, 6265. — Melzi, II, 157.

quelques jours après : « Votre âme est aussi bonne que grande. Daignez agréer ma reconnaissance profonde, ma haute admiration. C'est pour y répondre de mon mieux que je me conforme avec dévouement à votre désir en reprenant ma tâche[1]. »

Tout aussitôt, dès sa première sortie, il se rendit chez le général en chef et sollicita l'honneur de tenir son enfant sur les fonts baptismaux. Murat, qui avait reçu des instructions en conséquence, en témoigna une grande joie. L'enfant, un beau garçon très bien portant, naquit le 13 mai suivant; il fut baptisé à la fin de juin et reçut les prénoms de Lucien-Napoléon-Charles-François, ce dernier en l'honneur de son parrain[2].

Bientôt, Melzi demanda au premier Consul le pardon de Teulié et de Cicognara; le 20 septembre 1803, Teulié fut autorisé à servir dans le corps italien appelé au camp de Saint-Omer; le 18 avril 1804, Cicognara put retourner chez lui et rentrer au service de la République[3]. Et ainsi il ne resta presque rien de l'affaire Ceroni; ce qui prouve suffisamment qu'elle n'avait pas un caractère bien sérieux. Elle avait été la manifestation d'un état d'opinion qui n'était que la conséquence du développement même de la puissance de Bonaparte en Italie; elle avait donné au premier Consul l'occasion de paraître plus que jamais l'arbitre impartial entre tous les partis, le justicier sévère et le maître généreux, le bienfaiteur impeccable de la République, seul capable de lui assurer l'ordre et de garantir son avenir.

Bonaparte était content que tout se fût terminé sans autre accident. Car la situation européenne recommençait alors à s'aggraver; ses relations avec l'Angleterre étaient de plus en plus mauvaises, à cause de la rupture de la paix d'Amiens qui fut consommée le 11 mai 1803. Ce n'était pas le moment de risquer de nouvelles complications en Italie, d'exciter quelque soulèvement populaire qui amènerait quelque intervention de l'Autriche; il ne convenait pas de provoquer déjà la formation d'une coalition.

Le *statu quo* se prolongea donc encore quelque temps en Italie. Murat reçut l'ordre de ménager les fonctionnaires italiens[4],

1. Arch. nat., AF ɪv, 1703. — Melzi, II, 160-163.
2. *Corr. Nap.*, VIII, 6995. — Melzi, II, 166.
3. *Corr. Nap.*, IX, 7190-7604.
4. *Corr. Nap.*, VIII, 6712.

et le gouvernement français n'eut pas pour le moment d'autre préoccupation dans la péninsule que de la défendre contre une descente éventuelle des Anglais ou peut-être des Russes. Dès le 9 mai, Bonaparte ordonnait qu'il y eût au moins 6,000 hommes en Romagne[1]. Le 17, il demandait au pape la permission de faire passer des troupes par la marche d'Ancône pour se rendre dans le royaume de Naples[2]. Le 23 mai, Gouvion Saint-Cyr recevait l'ordre de partir sur-le-champ de Rimini et, par Ancône, d'entrer dans les États du roi de Naples, pour mettre garnison à Pescara, Otrante, Tarente, Brindisi, c'est-à-dire dans toutes les positions occupées jadis par le général Soult et évacuées en vertu de l'article 11 du traité d'Amiens.

Ces ordres furent exécutés aussitôt, et la République cisalpine se trouva quelque peu soulagée de l'occupation militaire française, dont la charge se trouva répartie sur toute l'Italie. Melzi espéra que les troupes parties pour Naples ne seraient plus à la charge du trésor de la République; en effet, leur solde fut mise au compte du gouvernement napolitain; néanmoins, à cause des circonstances exceptionnelles et des frais où la France allait être entraînée, le premier Consul pria Melzi de continuer au trésor français le versement ordinaire des subventions mensuelles[3], et Melzi ne se refusa pas à cette prière.

D'ailleurs, il n'eût point été prudent de dégarnir tout à fait la République italienne; en l'absence de la plupart des troupes françaises, il fallait prendre des précautions, expliquait lui-même Melzi, « pour le cas où les parties soufrées de l'Italie s'allumeraient ». Il y avait bien la légion italique, jadis composée des réfugiés italiens en France avant Marengo et depuis en grande partie dispersée; à la nouvelle des mouvements militaires nécessités par la rupture de la paix, elle se reconstitua, et, en juillet 1803, Melzi espérait la porter à 1,500 ou 1,800 hommes; mais les éléments qui la composaient étaient comme autrefois particulièrement turbulents; elle était de nouveau comme le refuge de tous les Jacobins d'Italie, et ainsi d'un emploi dangereux. Il fut convenu avec Bonaparte qu'on l'enverrait à l'île d'Elbe et en Corse[4]; c'était une manière d'isoler ce foyer incen-

1. *Corr. Nap.*, VIII, 6729.
2. *Corr. Nap.*, VIII, 6752.
3. *Corr. Nap.*, VIII, 6790.
4. *Melzi*, II, 171-181. — *Corr. Nap.*, VIII, 7050.

diaire dont ces précautions prouvent suffisamment l'existence.

N'est-ce pas aussi par prudence que les meilleurs bataillons de l'armée italienne furent alors rappelés en France? Le général Pino fut chargé de l'organisation spéciale de cette division destinée à prendre garnison à Saint-Omer. Melzi s'en montra très honoré pour son pays : « Nos conscrits deviendront par là rapidement de bons soldats[1]. » Et Bonaparte disait lui-même l'extraordinaire valeur de ce nouveau bienfait : « Si j'ai voulu avoir un corps italien au camp de Saint-Omer, vous sentez facilement que ce n'est pas pour avoir 5 ou 6,000 hommes de plus; mais j'y suis porté par deux principaux motifs. Le premier est d'apprendre à l'Angleterre à connaître l'existence de la République italienne; le second est de donner de l'orgueil et de la fierté nationale à la jeunesse italienne, ce qui lui manque pour battre un égal nombre d'Autrichiens. » — Et ailleurs : « Ce sera avec grand plaisir que je verrai cet hiver le drapeau italien flotter sur les rives de l'Océan. Cela ne sera pas, à ce que je me souvienne, arrivé depuis les Romains[2]. »

Il est évident que la formation d'une armée italienne devait être le principal moyen de l'éducation du sentiment national italien; la réunion des jeunes gens des diverses provinces de la République sous le même drapeau ne pouvait manquer d'avoir les meilleures conséquences au point de vue de l'unité désirable et encore imparfaite des aspirations du pays[3]. Elle pouvait même devenir le foyer des espérances de toute l'Italie. Mais Bonaparte n'était pas pressé d'obtenir ce résultat; il voulait bien que l'armée italienne fût forte, mais à son service; que la nation italienne fût vivace et grande, mais sous sa tutelle; que le drapeau italien flottât sur les rives de l'Océan, mais à l'ombre du drapeau français, dans l'épaisse forêt des drapeaux de la grande armée.

Cependant, les troupes françaises de l'Italie ou les troupes italiennes elles-mêmes éparses de Saint-Omer à Tarente en passant par l'île d'Elbe et la Corse, la République italienne était elle-même assez mal gardée. Il fallut donc s'occuper de la conscription régulière de la jeunesse italienne. Dans la pensée de Melzi, c'était un progrès important dans la voie de l'indépendance, la

1. Melzi, II, 185.
2. *Corr. Nap.*, VIII, 7075; IX, 7140.
3. Melzi, I, 313.

promesse que bientôt la République suffirait à sa propre défense, l'espérance que la France pourrait lui retirer sa protection un peu lourde. Et il se donna à cette organisation militaire avec un vrai zèle.

Il y rencontra quelques difficultés. Les généraux et officiers français destinés à être les premiers cadres de cette conscription y mirent peu de bonne volonté; ils n'avaient pas beaucoup d'estime pour cette population italienne qu'on les avait habitués à traiter comme sujette; ils n'aimaient point trop qu'on apprît à se passer d'eux, et ils raisonnaient tout à fait à l'inverse de Melzi. D'autre part, les Italiens ne se pliaient pas volontiers à la conscription; les plus ardents s'enrôlaient avec enthousiasme dans la légion italique, mais les autres reculaient devant l'impôt du sang, qui pouvait paraître lourd en effet sous un maître comme Bonaparte. On eut de la peine à les réunir, puis à les retenir. Pourtant, on réussit à former en quelques mois une petite armée de 18,000 hommes. L'événement avait de l'importance; elle fut le noyau d'une armée qui rendit plus tard des services à Napoléon; elle fut surtout le premier groupement italien, une école d'éducation nationale. Parmi les espérances patriotiques à la fois cultivées et contenues par Bonaparte, elle fut une première satisfaction positive.

On en sentit peu d'ailleurs le bienfait, mais seulement les charges; les peuples comprennent mal qu'ils se fortifient dans les épreuves. Et l'opinion publique ne s'attacha pas davantage à la France. On le vit à la fête anniversaire de Marengo et de l'indépendance, le 22 juin 1803. Il y eut en particulier une représentation extraordinaire au Grand-Théâtre, en présence de toutes les autorités constituées, du vice-président et du général en chef. La représentation fut bien réussie; mais une allégorie de la Renommée portant l'image de Bonaparte, surannée par elle-même et d'ailleurs maladroitement exécutée, n'eut aucun succès; on comptait sur des applaudissements qui ne se produisirent point; les Français et Murat crurent même entendre des sifflets. Melzi, d'autre part, avait été accueilli à son entrée au théâtre par des applaudissements prolongés, et il en avait été ainsi dans toute la journée partout où il avait paru[1]. Les têtes recommencèrent à s'échauffer dans l'entourage de Murat; on y rêva peut-être d'une

---

1. Melzi, II, 566 (à Marescalchi).

autre conspiration, quoique d'habitude les conspirations ne s'annoncent pas aussi bruyamment; on comprit en tout cas que les Italiens n'avaient pas pour Bonaparte une irrésistible affection. On commit la faute de s'en émouvoir et de donner à ces incidents une signification qu'ils n'avaient peut-être pas. Caroline Murat, du moins, garda son sang-froid, et le Consul se contenta d'écrire à son beau-frère : « J'ai été satisfait de la fête de Marengo. Il est tout simple qu'on témoigne de l'attachement à Melzi, qui administre bien, et qui d'ailleurs représente aux Italiens un gouvernement national. Vivez bien avec lui [1]. »

Le 5 novembre 1802, le duc de Parme étant mort, Melzi demanda à Bonaparte l'annexion de Parme et de Plaisance à la République italienne; il estimait cette réunion « plus urgente même que la conservation d'autres portions de notre territoire actuel ». Et il en écrivait dans le même sens à Marescalchi; il rappelait qu'à Lyon Bonaparte avait absolument déclaré qu'au plus tard à la mort du duc Parme serait à la République cisalpine; si cette parole n'était pas tenue, ajoutait-il, nous serions tous entraînés ici dans un état de défiance qui empêcherait la formation de l'esprit public et détruirait désormais toute foi dans les paroles du premier Consul; ce serait tout à fait funeste à l'œuvre générale entreprise en Italie [2].

Bonaparte fit tout de suite à cette demande une réponse dilatoire et très peu sincère :

Parme et Plaisance conviennent bien à la République italienne, mais Parme et Plaisance sont l'objet d'une négociation qui fixe déjà l'attention de toute l'Europe. C'est un moyen de paix, et je ne pourrais me décider à commettre la précipitation de réunir aujourd'hui ce pays que par une compensation qui m'aiderait véritablement à soutenir la guerre. Cette compensation ne pourrait se trouver que dans une somme d'argent assez considérable, et je connais assez la situation de la République italienne pour croire qu'elle peut difficilement trouver cette somme [3].

Melzi insista : il s'inclinait devant les intérêts supérieurs d'une négociation générale; il convenait bien que la République ita-

---

1. *Aff. étr.*, *Corr. de Milan*, n° 6), pièce 216. — *Corr. Nap.*, VIII, 6925.
2. *Melzi*, II, 194, 606-608.
3. *Corr. Nap.*, IX, 7323. — *Melzi*, II, 197.

lienne ne pouvait pas consacrer une grosse somme à cette acqui-
sition. Mais il proposait un échange : « Tout ce que nous avons
à la droite de l'Apennin ne nous sert presque à rien; la Romagne
est bien excentrique pour nous, et cette circonstance, réunie au
caractère qui distingue les légations, ne nous laisse pas espérer
de la voir de longtemps bien amalgamée avec les autres parties
de la République. En raison de convenance de population et de
produit, Parme et Plaisance vaudraient mieux pour nous que
ces morceaux-là[1]. »

Bonaparte ne répondit point. Il laissa l'administration de
Parme et de Plaisance aux mains de Moreau de Saint-Méry qui
résidait depuis quelque temps déjà près du duc; il garda le pays
à sa disposition. Certes, l'annexion de ce duché à la République
italienne était toute naturelle; elle était même nécessaire à sa
sécurité du côté du sud; le pont de Plaisance avait été fort utile
à Bonaparte en 1796 pour franchir le Pô et prendre à revers les
Autrichiens de la Lombardie; il en connaissait donc l'importance
stratégique; mais, comme il songeait plus à ses propres intérêts
qu'à ceux de la République italienne, qu'il sentait au contraire
le besoin de la surveiller, de la tenir en respect, il ne lui donna
point Parme et Plaisance; après quelques mois où il laissa un
peu d'espérance à Melzi, pour lui faire croire peut-être que le
duché serait la récompense de la bonne conduite de ses concitoyens, il en fit un département français. Dans l'antiquité
romaine, Plaisance (Placentia) commandait le passage essentiel
du Pô; de là aussi Bonaparte surveillait les défilés de l'Apennin
vers la Toscane et pouvait couper le long du fleuve les deux parties de la République italienne. En vérité, de Plaisance il demeurait le maître de toutes les routes de l'Italie péninsulaire;
il ne l'abandonna jamais, elle fut une de ses forteresses impériales.

Aussi, les Italiens sentaient-ils plus lourdement le joug. Ils
étaient de plus en plus mécontents. Ils s'en prenaient au gouvernement, à Melzi, à la France; ils s'agitaient contre le régime
qui avait trompé leurs espérances nationales, qui ne faisait que
sauver les apparences d'une domination étrangère. Il est difficile
de saisir toutes les manifestations de l'irritation populaire; elles
sont dissimulées ou exagérées, selon les cas, par les papiers offi-

1. Melzi, II, 300.

ciels; elles échappent par nature à l'observation exacte, et on
s'expose, en voulant trop préciser en cette matière, à donner de
l'importance à des détails qui n'en ont pas. Cependant, lorsqu'on
constate à travers tout un pays des faits isolés, mais très nombreux, concourant à un même résultat, on est en droit d'en tirer
des conclusions à peu près fermes sur l'état général de l'opinion.
Or, sous le bénéfice de ces réserves, il faut admettre que toute
l'Italie, en 1803 ou au commencement de 1804, après environ
deux ans du gouvernement régulier institué par la consulte de
Lyon, témoignait peu d'attachement à ce régime et se trouvait
tout entière dans une effervescence quasi révolutionnaire.

Aldini était un des personnages les plus remarquables de la
Cisalpine; il l'avait longtemps représentée à Paris auprès du
premier Consul, avec Marescalchi et Melzi, et Bonaparte, à
Lyon, l'avait nommé membre du Conseil législatif. Fut-il jaloux
de Melzi, insuffisamment satisfait de sa fonction, orgueilleux de
se faire remarquer? Il affecta bientôt du mépris pour le gouvernement de Milan et mena contre lui la guerre d'intrigues et de
moqueries. Il s'absenta pendant deux mois sans permission; il ne
parut plus aux réunions du Conseil législatif; il garda chez lui
sans les vouloir remettre les projets de lois qu'il avait à étudier
et qu'il était ainsi impossible de faire aboutir. Il appela le Conseil législatif « un tripot de chiens »; il entretint des relations
fréquentes avec l'ancien membre du gouvernement provisoire,
Sommariva, devenu à Paris, à Milan et à Florence un agent
de sourde opposition et peut-être d'entreprise d'insurrection
jacobine.

Après une longue patience, Melzi se décida à agir : il prit un
décret suspendant Aldini de ses fonctions. Aldini ne croyait pas
qu'on se permettrait cette audace; il répondit au vice-président
par une lettre insolente, qu'il porta chez de nombreux amis à travers Milan, et où il annonça qu'il redoutait peu les colères de
Melzi, qu'il était sûr d'être soutenu par le premier Consul et que
le vice-président ne tarderait pas à être désavoué. Melzi pria
Bonaparte d'approuver sa conduite. L'approbation du premier
Consul se fit attendre un peu; mais Aldini fut sans doute de
bonne heure fixé sur les intentions de Bonaparte; il se tut tout
d'un coup; il se montra même inquiet, quelque peu repentant; il
eut peur pour sa liberté, et lorsqu'enfin le décret de Melzi eut
reçu l'approbation complète du premier Consul, l'incident fut

clos sans plus de gravité. Il n'est qu'un des nombreux traits de l'opposition à Milan même[1].

Dès le premier jour, Bologne et la Romagne avaient montré la plus grande répugnance à l'union avec les autres parties de la Cisalpine. C'était une des manifestations ordinaires de l'esprit de clocher, de ces jalousies qui à travers les siècles n'avaient pas cessé de séparer toutes les villes de la région du Pô et qui n'ont disparu que dans le grand mouvement unitaire du XIX⁰ siècle. On y fut irrité, dès la fin de 1801, de la suppression de la garde nationale par Murat; on se rappelle que le général en chef avait cru devoir prendre cette mesure de précaution au moment des élections de la consulte de Lyon. La colère populaire put être contenue par des mesures rigoureuses de l'administration nouvelle, mais les passions ne se calmèrent pas.

Un soir, le secrétaire général de la préfecture, De Sanctis, fut frappé d'un coup de couteau en rentrant chez lui et fut grièvement blessé[2]. L'assassin ne fut pas découvert. La situation de Bologne fut pendant quelque temps très troublée; des bruits alarmants circulèrent dans tout le pays; une société secrète, « les Amis du peuple », jeta à travers la ville des notes manuscrites désignant certains personnages, surtout des fonctionnaires, à la vengeance publique; il y eut de nombreux attentats, des attaques à main armée, dans les rues, même le jour, par des hommes masqués. Bologne fut un moment terrorisée. Le préfet Carlotti se décida à remettre la police au commandant français, le général Verdier; on défendit le port des armes; il y eut quelques arrestations, et une commission spéciale de cinq officiers tint la ville dans une sorte d'état de siège[3].

Marescalchi, qui en fit un rapport au premier Consul, attribuait ces événements à l'action des sociétés secrètes. Il signalait notamment l'existence de celle des Stillettanti, au nom redoutable, qui paraissaient en vouloir surtout à ceux qui avaient quelque fortune. Il signalait aussi l'activité de la loge des Illuminés; un de ses membres, Moliterno, fut arrêté à Calais[4]. Il liait cette action à celle que semblait encourager le gouvernement napoli-

1. Arch. nat., AF iv, 1707-1708.
2. Melzi, II, 82.
3. Arch. nat., AF iv, 1707.
4. Melzi, II, 559.

lain soutenu par les excitations de l'Angleterre : il s'agissait de
chasser les troupes françaises du royaume de Naples et de toute
l'Italie, pour le remplacer par des troupes anglaises ou russes ;
on retrouve là le souvenir des événements de 1799.

Il semble en effet qu'il y eut une certaine entente, d'un bout
à l'autre de l'Italie, entre quelques sociétés secrètes dont les
membres paraissent d'ailleurs avoir été alors peu nombreux et
peu redoutables. Marescalchi y distingue Visconti et Sommariva ;
un moment on pensa y prendre le général Lecchi et un officier
napolitain, le capitaine Marulli. Il est impossible de préciser la
nature exacte de ces sociétés, le nombre de leurs adhérents, leur
action réelle, même leurs intentions : elles ne tenaient pas d'archives. Il s'agit surtout de « Jacobins » ; c'est ainsi que Melzi les
appelle sans cesse, et il nourrit contre eux une haine inquiète.

Ils voulaient sans doute assurer la liberté de l'Italie. Conce-
vaient-ils déjà l'unité de toute la péninsule en une nation. Cela
n'est pas probable. Étaient-ils véritablement de force à soulever
l'Italie derrière eux ? Il ne semble pas : l'esprit public n'était pas
mûr pour une pareille entreprise. Est-il exact, comme l'affirme
Melzi[1], qu'ils avaient leur centre d'action en Toscane, à Arezzo,
et que de là ils rayonnaient sur toutes les parties de l'Italie, de
Milan à Naples ? Il est bien difficile d'en être sûr.

En tout cas, ce mystère de rebellion, que l'on sentait partout,
entretenait la crainte et la colère dans le monde du gouvernement. Bignon ne peut contenir son indignation contre ces misé-
rables conspirateurs[2] :

Qu'ils étaient insensés, et combien depuis ils ont dû rougir de leur
démence, ces esprits exaltés en des sens divers, les uns invoquant
des démocraties impraticables, les autres voulant seulement ou
l'unité de gouvernement pour l'Italie ou la nationalité de l'Italie avec
ses divers gouvernements ; tous assez aveugles pour ne pas voir
qu'au lieu d'une dépendance brillante sous les lois du premier Consul, d'une dépendance allégée et embellie au moins par les lettres et
par les arts, par tous les encouragements favorables à la prospérité
et à la richesse du pays, c'était le joug de plomb, la verge de fer du
gouvernement autrichien qu'ils appelaient sur leurs têtes !

1. Melzi, II, 71.
2. Bignon, III, 30?.

Et Melzi s'effrayait à Milan : « Il me semble être environné de matières combustibles, et malheureusement la République italienne n'est pas d'amiante[1].

Cet honnête homme souffrait vraiment de ne pas pouvoir conduire la République italienne à des destinées certaines et pacifiques. Il avait accepté avec résignation l'œuvre de la consulte de Lyon; il espérait en tirer le repos de son pays et un ordre politique et social à peu près définitif; il voulait y habituer ses concitoyens, faire naître et développer en eux l'esprit de gouvernement au lieu de l'esprit d'opposition stérile; peut-être ainsi la République italienne eût-elle gagné le droit de vivre dans la paix et dans une sorte d'indépendance parmi les bouleversements du temps.

Melzi était presque seul à avoir cette sage modération, en butte aux reproches des patriotes et aux attaques des intrigants. Les circonstances n'étaient pas favorables au succès des œuvres de patience et d'expérience prudente. Les demi-succès étaient vite condamnés comme des échecs pour faire place à des inventions nouvelles. Les résultats de la consulte de Lyon étaient imparfaits; le régime qu'elle avait établi à Milan ne donnait pas satisfaction à tout le monde; on le constatait, et on estimait qu'il fallait le changer. Rien ne pouvait être plus favorable aux nouveaux desseins de Bonaparte; car lui seul savait très bien ce qu'il voulait.

Un agent spécial du gouvernement français, Jacob, fut envoyé à Milan à la fin de l'année 1803 pour étudier la situation de la République italienne. Il adressa à Marescalchi, le 3 décembre, un rapport intéressant et, dans l'ensemble, fort exact et modéré[2]. Il y fit un portrait assez réussi du vice-président :

Vous connaissez ses talents, ses lumières, son noble désintéressement, son dévouement entier à la chose publique, en un mot, toutes les belles et aimables qualités morales qui le font également chérir et respecter. Je me permettrai seulement d'observer que ce dévouement si louable est peut-être excessif dans ses effets et qu'il en résulte, sinon pour l'État, du moins pour lui, deux graves inconvénients.

1. Melzi, II, 99.
2. Arch. nat., AF iv, 1708.

Le premier est qu'il veut faire et qu'il fait effectivement trop de choses par lui-même. Il ne se borne point à diriger, à ordonner, il exécute, et son attention scrupuleuse s'étend jusqu'aux plus petits détails. Ainsi, il consume son temps et il épuise ses forces dans des travaux qu'il pourrait aisément et sans risques laisser à d'autres mains. C'est, du reste, ce que sa correspondance a souvent donné lieu de remarquer.

Le second est qu'il s'inquiète, qu'il s'irrite, qu'il s'effraye outre mesure des obstacles qu'il rencontre sous ses pas et de toutes les irrégularités qui se montrent dans les diverses branches de l'administration. Il tend à une perfection idéale qu'il n'est pas possible d'atteindre et il s'afflige de ne point y arriver.

Ce sont là, je n'en doute point, les vraies causes de sa mauvaise santé. Comment ne serait-il pas malade, menant une vie toujours solitaire, toujours laborieuse, toujours mélancolique, sans diversion, sans distraction quelconque? J'ai pris la liberté de lui citer l'exemple du premier Consul, qui, au milieu des occupations les plus nombreuses et les plus importantes dont jamais homme ait été chargé, sait trouver encore quelques moments pour des délassements également nécessaires au corps et à l'esprit. Il m'a répondu que, pour lui, il chercherait en vain à se distraire, car les affaires et les soucis le suivraient partout.

Il semble bien en effet, d'après tout ce qui précède, que Melzi n'était pas un homme de gouvernement. Avec les meilleures intentions du monde, il n'était pas de taille à dominer le détail de l'administration ni surtout à écarter de Milan la jalouse autorité du premier Consul.

Jacob constatait encore que la Consulte avait peu de considération à Milan, qu'il conviendrait sans doute de réformer, peut-être de supprimer le Conseil législatif, de calmer les têtes chaudes au Corps législatif, que la tranquillité pourtant était à peu près générale, que beaucoup d'incidents avaient été exagérés par le zèle des sous-préfets, que presque personne d'ailleurs ne portait intérêt à la chose publique. Et il disait fort judicieusement :

Il y a un esprit départemental qu'il sera bien difficile de détruire et qui est un résultat inévitable de la manière dont la République a été composée. Ses divers peuples, jadis indépendants et presque ennemis les uns des autres, qui se trouvent maintenant réunis sous un seul gouvernement, sont bien loin encore de se regarder comme formant une seule et même nation. Chacun d'eux ne considère que son propre intérêt et ne voit en quelque sorte dans les autres que des rivaux dont la prospérité l'affligerait. On reproche souvent aux Milanais, et peut-être avec quelque raison, de vouloir concentrer la République dans leurs murs. Mais on pourrait dire aussi aux habitants des autres pays qu'ils devraient mieux comprendre qu'on ne peut éviter d'avoir une ville centrale et savoir mieux céder à cette nécessité.

Ainsi Melzi n'avait pas assez de caractère et les Italiens pas encore assez d'esprit national pour arrêter Bonaparte.

## Le couronnement de Milan.

Le renouvellement des hostilités avec l'Angleterre remettait en question tous les résultats de la Révolution et paraissait ramener la France à la situation de 1793, lorsque les alliés prétendaient la contenir dans ses vieilles frontières sous le gouvernement de la monarchie absolue. On savait que Pitt avait jadis refusé toute négociation avec le premier Consul tant que les Bourbons ne seraient pas rétablis sur le trône.

Rien ne pouvait être plus avantageux à Bonaparte que « la conspiration anglaise » de Cadoudal et de Pichegru. Cette entreprise royaliste causa en France, de février à mai 1804, la plus vive et la plus générale émotion; on se demanda avec angoisse quel serait l'avenir si le premier Consul périssait : la royauté serait-elle donc restaurée par les armées étrangères? Et alors tous les avantages sociaux de la Révolution, l'égalité civile, la vente des biens nationaux, ne seraient-ils pas tout d'un coup perdus? L'arrestation, le jugement et l'exécution du duc d'Enghien redoublèrent l'anxiété générale : c'était encore une tête de sang royal jetée en défi aux rois de l'Europe. Ce défi ne serait-il pas relevé comme en 1793? La France révolutionnaire sortirait-elle victorieuse de cette nouvelle crise?

Il fallait pour cela que Bonaparte vécût, ou, du moins, s'il venait à succomber, que le pays fût assuré d'un régime politique définitif. Ce fut la grande habileté et le grand avantage de Bonaparte de pouvoir confondre sa cause avec celle de la Révolution même, d'en paraître la personnification nécessaire : toute sa

popularité du moment, toute sa force, toute sa gloire n'ont pas
d'autre raison historique.

La France de la Révolution fut tranquillisée lorsque le sénatus-
consulte du 18 mai 1804 déclara que « le gouvernement de la
République est confié à un empereur », que « la dignité impériale
est héréditaire dans la descendance directe, naturelle et légitime
de Napoléon Bonaparte, de mâle en mâle, par ordre de primogéniture, avec exclusion perpétuelle des femmes et de leur
descendance », enfin qu'à défaut d'héritiers directs Joseph et
Louis pourraient être appelés au trône impérial. Lorsque le
plébiscite approuva ce sénatus-consulte par 3,572,329 suffrages
contre 2,569, c'était en quelque manière la Révolution qui se
proclamait héréditaire; tant que régneraient les Bonaparte, les
principes révolutionnaires étaient garantis, et la chute de Bonaparte ne pouvait être que le signal d'un retour offensif de l'ancien
régime. Les faits d'ailleurs n'ont-ils pas donné raison à cette
conception ?

Napoléon eut en lui toute la force révolutionnaire, et c'est
pourquoi il fut longtemps invincible et régna sur l'Europe.
Lorsqu'au camp de Boulogne, le 6 août 1804, il présida à la distribution des aigles nouvelles, à la naissance de la Grande Armée,
lorsqu'en dépit du ridicule il s'assit sur le fauteuil de Dagobert,
avec le bouclier de François I<sup>er</sup> à ses pieds et devant lui le casque
de Bayart, où il prenait les croix d'honneur qu'il attachait sur
la poitrine de ses soldats, il employait à son service les plus
illustres souvenirs de l'ancienne France royale; il affirmait, par
des symboles, comme il les aimait, que la Révolution française,
dont il était « le fils », était le terme de toute l'évolution historique de la France, qu'il était en vérité le représentant de toute
la France du passé et de toute la France du présent, avide de
gloire et de liberté.

Le titre royal, outre qu'il ne pouvait rappeler que les imper-
fections et les misères de l'ancien régime, n'aurait pas eu une
signification assez étendue; le titre impérial seul pouvait couronner dignement, comme à Rome autrefois, l'édifice des siècles
écoulés. Il concentrait en un moment exceptionnel et sur un seul
homme toute la force des idées généreuses et de la passion de gloire
qui avaient grandi en France à travers les temps passés et qui
allaient lui donner quelques années d'une grandeur extraordi-

naire. Il portait au delà des frontières l'éclatant rayonnement de
la France nouvelle; il lui préparait la domination de l'Europe,
et, par elle, si courte qu'elle dût être, le triomphe de la Révolution dans le monde.

Un des traits les plus remarquables de l'intelligence de Napoléon Bonaparte fut le sens instinctif, mais singulièrement pittoresque, de l'histoire du passé et de l'importance historique de
son temps et de sa carrière. Il retrouva exactement la signification classique du titre impérial; il remonta d'un seul élan de son
imagination jusqu'à Charlemagne, jusqu'à Rome même, et fut
aussitôt à l'aise dans ce rôle en apparence archaïque; on ne
dirait pas un parvenu. C'est là la grande transformation de son
personnage en 1801.

Parti d'Arras, le 31 août 1801, par Mons, il était le 3 septembre à Aix-la-Chapelle; il y résida jusqu'au 11. Il y reçut
en audience solennelle l'ambassadeur d'Autriche, Philippe de
Cobenzl, qui lui remit, au nom de son souverain, ses nouvelles
lettres de créance; dans la vieille capitale de Charlemagne,
c'était déjà comme une abdication du chef du Saint-Empire devant
le nouvel empereur d'Occident.

Puis Napoléon prit possession, lentement, de l'ancien domaine
carolingien, parcourut, au milieu de l'admiration populaire, les
antiques forteresses de l'empire romain le long du Rhin. De
Cologne, le 15 septembre, il demanda au pape de venir sacrer à
Paris le premier empereur des Français, et il prit les premières
dispositions au sujet de ce voyage[1]. Par Coblentz, il fut à Mayence
le 21 septembre et y resta jusqu'au 3 octobre; de là il félicita
l'empereur François II de l'érection de sa maison en maison impériale d'Autriche. N'était-ce pas une ironie que de dater de la
capitale religieuse du Saint-Empire romain germanique la constatation que François II n'était plus qu'empereur d'Autriche?
Cependant il organisait les fortifications de Mayence avec le plus
grand soin : « Cette affaire lui paraissait ne devoir souffrir aucun
retardement[2]. » Il remerciait le bourgmestre et les magistrats de
la ville libre impériale de Francfort de leurs bons sentiments à
son égard : « Je me persuade, leur écrivait-il, qu'ayant éprouvé

1. *Corr. Nap.*, IX, 8020, 8027.
2. *Corr. Nap.*, IX, 8057.

déjà tout l'intérêt que je porte à l'indépendance et à la prospérité de votre ville, vous ne manquerez pas de vous en montrer toujours reconnaissants[1]. » C'était comme la consécration de l'œuvre accomplie par le recès de la diète germanique de 1803.

Il revint par Trèves, qui fut jadis la capitale de la préfecture des Gaules. Il y fut du 6 au 8 octobre. Il y donna des instructions pour le voyage du pape, pour la mise en marche des flottes contre l'Angleterre, pour les opérations du camp de Boulogne. Il enveloppa dans sa pensée toute l'Europe occidentale. Il revint à Paris pour les derniers préparatifs du sacre.

Ces événements ne pouvaient pas manquer de modifier la condition politique de l'Italie. L'Empereur ne pouvait pas rester à Milan un président provisoire de la République : l'Empire enveloppe dans sa signification propre l'Italie comme l'Allemagne ; l'Italie devenait une partie de l'Empire et non plus seulement une annexe de la France.

On s'en rendit compte de bonne heure à Milan et l'on y prit aussitôt des résolutions très importantes. Le 21 mai 1804, trois jours après le sénatus-consulte qui avait donné la couronne impériale à Napoléon, Marescalchi avait écrit au gouvernement italien pour l'inviter à s'occuper de la situation nouvelle ; il en avait apparemment l'ordre de Napoléon, et il est vraisemblable qu'il préparait ses concitoyens à aller au-devant des désirs du nouvel Empereur ; il est possible aussi que cette lettre de Marescalchi ait été toute spontanée ; il avait d'ailleurs à faire part au gouvernement de Milan de la proclamation de l'Empire français.

Dès le 20 mai, Melzi écrivait à l'Empereur :

L'hommage que je viens porter au pied du trône de Votre Majesté contient tous les sentiments que doit inspirer l'élévation de Votre Majesté dans cette admirable combinaison des résultats d'une reconnaissance nationale sans exemple et de la marche merveilleuse du génie étonnant qui l'avait commandée. La parole manque à l'expression ; que Votre Majesté daigne la retrouver dans les projets de décrets de la Consulte d'État que j'ai l'honneur de lui soumettre[2].

Le premier de ces décrets comportait la construction d'un monument, composé essentiellement d'un colossal portique à

1. *Corr. Nap.*, IX, 8009.
2. Arch. nat., AF iv, 1708. — Melzi, II, 212.

l'antique servant de cadre à une statue équestre de Napoléon, « pour perpétuer le souvenir de cette grande époque ».

Dans le second, disait Melzi, « nous avons cherché à profiter de cette heureuse circonstance pour manifester hautement tout ce que nous devons de reconnaissance, de confiance, d'attachement à notre fondateur, et, dans le même temps, à assurer les destinées de la nation italienne en les associant d'une manière absolue et fixe aux destinées de celui qui avait daigné en être le chef ».

Voici en effet quel était le vœu de la Consulte d'État : après avoir considéré que « la félicité du peuple italien ne doit pas être plus longtemps abandonnée à des hasards que la prudence humaine ne peut ni prévoir ni calculer », elle présentait à l'approbation de l'Empereur les articles suivants[1] :

1. — Le gouvernement de la République italienne est confié à un chef inamovible qui prend le titre de roi avec tous les honneurs et prérogatives analogues.

2. — Sa Majesté Napoléon, empereur des Français, est nommé roi.

3. — Après Napoléon Iᵉʳ, aucun ne peut être chef de la République italienne s'il ne réside constamment dans son territoire.

4. — La dignité royale est héréditaire dans la descendance naturelle et légitime de Napoléon Iᵉʳ, de mâle en mâle, selon l'ordre de la seconde géniture, à l'exclusion perpétuelle des femmes et de leurs descendants, et elle est incompatible dans la même personne avec l'Empire des Français.

5. — A défaut de descendants mâles, naturels et légitimes de Napoléon Iᵉʳ, il peut nommer lui-même un successeur dans la ligne masculine des princes français ses frères contemplés (pour visés) dans le sénatus-consulte organique du 18 mai 1804 (29 floréal an XII).

6. — Le successeur nommé transmet la dignité royale à sa descendance naturelle, directe et légitime, de mâle en mâle, selon l'ordre de primogéniture et à l'exclusion perpétuelle des femmes et de leurs descendants.

7. — A défaut de nomination ou de descendance masculine, naturelle et légitime du nommé, la dignité royale passe à celui des princes français contemplés dans le susdit sénatus-consulte du 18 mai 1804, ou, dans leurs descendances mâles, naturelles et légi-

---

1. Le texte est dans Arch. nat., AF iv, 1708, et dans Aff. étr., *Corr. de Milan*, n° 60, pièce 287 (en date du 28 mai 1805).

times, à celui qui sera choisi par la Consulte d'État aux termes de la
constitution, et, ensuite, à ses descendants mâles naturels et légitimes, l'ordre de primogéniture gardé, toujours à l'exclusion des
femmes et de leurs descendants, et sous les conditions établies aux
articles précédents.

8. — Dans le cas où la descendance mâle des princes Bonaparte
désignés dans le susdit sénatus-consulte du 18 mai 1804 viendrait à
manquer ou se trouverait réduite à un seul individu empereur des
Français, la Consulte d'État pourvoit, aux termes de la constitution.

9. — La majorité du roi, la régence, les droits et les devoirs de la
famille royale, les premières dignités de l'État, les fonctions et prérogatives y annexées et la mesure de la liste civile seront réglés par
la réformation de l'acte constitutionnel qui sera proposée aux colléges
électoraux.

10. — Les bases à conserver dans la susdite réformation sont :
1° le maintien de la religion catholique, apostolique et romaine;
2° l'intégrité du territoire de la République; 3° son indépendance
politique; 4° le maintien de la liberté civile, de l'égalité des droits,
de l'abolition de la féodalité et de l'irrévocabilité de l'aliénation des
biens nationaux; 5° le système représentatif national et l'indépendance du pouvoir judiciaire; 6° l'habileté des seuls nationaux aux
dignités et emplois de l'État.

11. — L'Empire français se rend garant de la nouvelle forme de
gouvernement de la République italienne et s'engage à faire accéder
à cette garantie l'empereur d'Allemagne et les autres puissances
amies dans le sens du traité de Lunéville.

12. — Il sera conclu entre les nations française et italienne un
traité d'alliance offensive et défensive fondé sur les vrais principes
du droit des gens et calculé sur les avantages et les forces respec-
tives des deux États, avec exclusion formelle de toute dépendance et
de tout tribut et détermination expresse du concours respectif en
temps de guerre.

13. — Le présent décret de la Consulte d'État sera porté en copie
authentique par les consulteurs à chacun des colléges électoraux,
lesquels, d'après l'appel nominal de tous les membres intervenus,
prononceront sur l'acceptation ou le refus, aux termes de l'article 128
de la Constitution, en séance permanente et sans discussion.

*Signé :* Melzi, vice-président, Caprara, Paradisi, Fenaroli, Costabili, Luosi, Moscati, Guicciardi, secrétaire des séances secrètes.

Il n'est pas nécessaire d'analyser ce document pour y rechercher les vraies intentions du gouvernement italien et le fond de

sa pensée, car la Consulte a pris soin d'envoyer à Marescalchi
des instructions confidentielles aussi intéressantes que le vœu
lui-même :

Autant, dit-elle, il était juste et commandé par le devoir d'offrir à
Sa Majesté Impériale la dignité royale, et de lui accorder, à défaut
de descendance, le droit de nommer son successeur, autant la politique et le véritable intérêt national dictent-ils impérieusement les
deux conditions qui limitent le droit de nomination à la ligne masculine des seuls princes français ses frères, et obligent les héritiers
de la dignité royale à résider dans le territoire de la République italienne. La première restriction est fondée sur le sénatus-consulte lui-
même; d'ailleurs, vous ne pouvez ignorer, citoyen collègue, quelles
craintes et quelles alarmes avait produit dans l'Assemblée nationale
de Lyon le bruit répandu que Lucien Bonaparte pût être destiné au
gouvernement de la République italienne. La seconde condition, de
la résidence, consolide la souveraineté et l'indépendance nationales,
prévient l'exportation du numéraire et l'émigration des familles
riches qui tendent toujours à s'établir dans le lieu où réside le chef
de l'État, rassure enfin et réjouit tous les Italiens qui espèrent voir
restituer à leur patrie la gloire antique et se soustraire à l'influence
toujours désagréable des étrangers; en outre, elle évite la jalousie
des puissances étrangères qui craignent avec tant de raison l'excessif
agrandissement de l'Empire français.

Vous observerez, citoyen collègue, que la Consulte s'est bornée au
seul titre de roi, sans ajouter la dénomination d'Italie ou autre quelconque; elle ne pouvait se déterminer à aucune expression sans
crainte d'alarmer les autres princes ou États d'Italie ou de ne point
donner dans les hautes vues de Sa Majesté Impériale. Elle vous
exprime confidentiellement pourtant son propre désir pour la dénomination de roi d'Italie ou des Italiens.

La Consulte insiste tout particulièrement sur la garantie et le
traité d'alliance des articles 11 et 12 :

Quant à la garantie, la France et l'Autriche s'y sont engagées par
le traité de Lunéville; c'est le moyen le plus sûr pour animer les
faibles qui, votant pour un roi de la famille impériale de France,
craignent d'attirer la guerre dans l'État, pour décourager les partisans de l'Autriche qui voient leurs futiles espérances toujours éven-
tées, et pour contenir les anarchistes et les forcer à reconnaître et
respecter le rétablissement de l'ordre et d'un système permanent.
Non moins nécessaire que la garantie est le traité d'alliance, qui doit

enfin porter l'État au niveau de cette indépendance dont s'honorent
les autres nations.

Et la Consulte récapitulait ainsi ses instructions à Marescalchi :

1° Opinion et désir général que Napoléon I<sup>er</sup>, sous la forme la plus
convenable et la dénomination la plus propre, continue à être chef
de la République et conserve son digne représentant actuel.

2° Probabilité et facilité de faire adopter dans la ligne du second né
de Sa Majesté et des autres princes français Bonaparte l'établissement
de la dynastie héréditaire.

3° Convenance absolue d'établir les bases fondamentales de la
monarchie constitutionnelle.

4° Nécessité d'une garantie expresse pour cette forme de gouvernement.

5° Besoin indispensable d'un traité d'alliance avec diminution
actuelle des charges et assurance pour leur cessation entière après
la paix.

6° Observance du plus profond secret jusqu'au moment où aura
lieu la réunion des collèges électoraux[1].

Il n'y a pas lieu d'étudier longuement ces textes pour constater
qu'en offrant le titre de roi d'Italie à Napoléon la Consulte était
surtout préoccupée de garantir l'indépendance de son pays ; elle
ne désirait point, elle redoutait une union intime avec la France ; il
fallait préciser ce point pour mesurer la distance de ce vœu aux
volontés que Napoléon imposa.

L'Empereur daigna donner son approbation en principe ; il
exprima le désir qu'on ajoutât quelque développement aux idées
qui y étaient exprimées. Et Marescalchi lui présenta, en juillet 1804, tout un projet de constitution, où la Consulte soulignait
encore ses intentions et profitait de l'occasion pour apporter à la
Constitution de 1802 les corrections qui paraissaient nécessaires[2].

Elle complétait le titre du nouveau roi en l'appelant « roi constitutionnel de la République italienne ». Elle instituait un vice-
roi national, disant : « Si l'on a cru devoir établir par la Constitution un vice-roi national qui réside dans l'État durant le règne
de l'Empereur, c'est autant pour satisfaire le vœu général qui
désire la continuation de notre excellent vice-président que pour

1. Arch. nat., AF IV, 1708.
2. Arch. nat., AF IV, 1709.

rendre la représentation plus importante. » Elle désirait aussi
que le corps diplomatique italien eût sa résidence à Milan.

Elle introduisait quelques modifications dans l'organisation du
Corps législatif en le divisant en deux chambres : une chambre
mixte de 30 membres, composée de propriétaires de biens-fonds
d'une valeur censitive d'au moins 4,000 écus, chargée d'émettre
un vœu sur les projets de lois, et une chambre électorale de
45 membres pour les examiner, les voter ou les rejeter.

Surtout elle voulait créer un organisme nouveau, le « magistrat suprême conservateur ». Il devait être composé de huit consulteurs d'État à vie et se compléter lui-même, à mesure des décès,
sur des listes présentées par les collèges provinciaux, en dehors
même, par conséquent, de l'action du roi. Les membres de la
Consulte actuelle devaient former d'abord le magistrat suprême.
Son rôle, ainsi absolument indépendant, aurait été d'une importance considérable : régler tout ce qui n'est pas prévu par la
Constitution, dissoudre les collèges électoraux ou les chambres,
choisir le roi parmi les princes dans l'ordre de l'hérédité, nommer
le roi dans le cas d'extinction des lignes dynastiques et proposer
aux collèges le décret pour l'avènement d'une nouvelle dynastie.
Toute la réalité du pouvoir eût été entre les mains de ce « magistrat suprême ». Mais il fallait une certaine naïveté pour se figu-
rer que l'Empereur consentirait à créer contre lui-même une
pareille autorité.

Melzi, d'ailleurs, renouvelait à Marescalchi les instructions
confidentielles de la Consulte :

L'exécution du projet est toujours subordonnée à deux conditions
essentielles qui sont celle de la garantie et celle d'un traité avec la
France. Les deux choses doivent précéder toute tentative auprès des
collèges électoraux. Il est nécessaire que l'Empereur des Français
remette à la République italienne un acte solennel de garantie du
traité de Lunéville qui ne lui a jamais été communiqué. Il est de la
dignité de Sa Majesté Impériale elle-même que cette garantie solennelle précède sa nomination au trône d'Italie et l'établissement de la
dynastie dans sa famille, afin que l'Europe entière voie et reconnaisse
dans cet acte mémorable un témoignage libre et spontané de la
reconnaissance d'un peuple qui unit ses destinées à celles de son
auguste bienfaiteur et de sa descendance. Le traité d'alliance n'est
pas moins nécessaire pour mettre les deux États sur le niveau d'une
égalité morale.

L'Empereur cette fois ne fut pas content. Il vit en tout cela (et il n'avait pas tout à fait tort) des précautions prises contre lui-même, et il s'en prit à Melzi, qui avait tenu la plume. « Il eut la bonté, dit Marescalchi, fort embarrassé de cette aventure, de regarder cette lettre comme écrite *sans réflexion* et dans un moment que *la goutte le travaillait plus qu'à l'ordinaire*[1]. »

Le conflit était grave. Il portait sur la question même de l'indépendance de l'Italie, dont Melzi, au nom de la Consulte, se faisait le tenace représentant contre l'Empereur. Mais il sentait bien qu'il n'était pas de taille à vaincre; il faisait depuis quatre ans son devoir de bon Italien, uniquement préoccupé des intérêts et de la liberté de son pays; il avait du moins le grand mérite de rester lui-même très indépendant de caractère et de ne point se plier à la volonté du maître; et cela était d'autant plus honorable qu'il savait que cette volonté écraserait la sienne.

C'est pourquoi, dès le 29 mai 1804, dans la lettre même où il présentait au nouvel Empereur l'hommage de la Consulte, il faisait valoir son état de santé pour obtenir sa retraite :

Votre Majesté Impériale connaît mon vœu constant et sincère. Depuis vingt-six mois qui se sont écoulés, j'en ai passé douze à peu près entre le lit et le fauteuil, et il devient inutile d'ajouter que toutes mes facultés en sont restées sensiblement affaissées... Le jour que Votre Majesté me permettra de rentrer dans la vie privée, elle aura fait un heureux de plus[2].

Et il écrivait, d'autre part, à Cambacérès pour le prier d'appuyer cette demande de retraite; il fondait sa résolution sur l'établissement d'un nouvel ordre de choses pour lequel il n'était pas fait; il y disait son « intime conviction de ne pas pouvoir soutenir désormais ce fardeau, de suivre ce que mon honneur et ma conscience m'ordonnent en demandant d'en être déchargé[3] ».

Napoléon était irrité, sinon étonné, de la conduite de Melzi. Mais il ne voulait pas se séparer brutalement de lui; il ne lui convenait pas de faire un éclat. Il ne consentit point à la retraite de Melzi : « Vous êtes engagé dans la lice, il faut que désormais vous mouriez au milieu des hommes et des embarras du gouver-

1. Les mots en italiques le sont dans le texte de Marescalchi. — *Corr. Nap.*, IX, 7968.
2. Melzi, II, 213-214.
3. Aff. étr., *Corr. de Milan*, nᵒ 60, pièce 288.

nement des nations[1]. » Et Melzi acceptait cet « honorable décret
de mort ». — « Votre Majesté m'ordonne de rester à mon poste.
J'obéis et j'y resterai tant que l'honneur me le permettra[2]. » Mais
l'Empereur fit aussitôt comme si son décret de mort était déjà
exécuté ; le mois suivant, sans consulter le vice-président, il des-
titua le ministre de la Guerre Triulzi et le remplaça par le général Pino, qui avait été souvent du parti de l'opposition contre
Melzi. Celui-ci envoya sa démission formelle. C'était pendant le
voyage dans le pays rhénan ; Marescalchi fut très ennuyé, il en
fit part à Talleyrand et prit le parti de ne pas communiquer à
l'Empereur la lettre de Melzi et de la renvoyer à son auteur avec
quelques réflexions pour le faire changer d'avis et le conseil de
venir lui-même à Paris[3].

En effet, il ne semble pas que l'Empereur ait eu à répondre à
ces plaintes nouvelles de Melzi. Toute la Consulte de Milan fut
invitée bientôt à venir à Paris pour le sacre.

Cependant, à Paris on n'était pas absolument troublé par les
vœux de la Consulte. Thiers a une façon toute simple d'expliquer
cela[4] : Napoléon, dit-il, ne tarda pas à se fatiguer des réflexions
assez amères et des plaintes très déraisonnables de Melzi, où il
aperçut beaucoup plus le désir de se ménager une espèce de popularité que l'intention de travailler en commun à la constitution
future de l'Italie ; sans donc se tourmenter davantage de toutes
ces réclamations chagrines, il prit peu à peu le parti de convertir
cette République en monarchie vassale ; il savait que l'Italie serait
contente d'avoir un roi, car « les changements sont toujours
agréables aux imaginations inquiètes ». Et voilà pourquoi Napoléon est devenu roi d'Italie.

On se persuadait bien, en effet, dans l'entourage politique de
Napoléon, qu'il n'avait pas à s'occuper des désirs des Italiens.
« On peut constituer comme on voudra la Lombardie, y disait-on ;
le régime monarchique est de toutes les formes celui qui lui convient le mieux. Elle n'est pas fondée à réclamer comme un droit
de se donner un roi et des lois. Elle était province dépendante
avant la guerre ; elle a été conquise, elle a subi toutes les condi-

1. *Corr. Nap.*, IX, 7311.
2. Melzi, II, 216 (11 juillet 1801).
3. Aff. étr., *Corr. de Milan*, n° 60, pièce 201. — Melzi, II, 221.
4. *Hist. du Consulat et de l'Empire*, V, 21.

tions qu'on a voulu lui imposer ; elle obéira au roi qu'on lui donnera ; elle sera bien aise qu'on la dispense de faire ses lois. Ce
qu'elle a le droit d'exiger, c'est une administration conforme à
ses besoins, propre aux localités et qui lui garantisse que les
impositions qu'on prélèvera pour la défendre ou pour la gouverner ne seront pas au-dessus de ses moyens[1]. »

C'est la nette affirmation du droit de conquête, et, en dépit des
apparences, c'est bien le seul que Napoléon a toujours appliqué
à l'Italie. Elle était son bien, deux fois gagné par l'épée ; il ne
l'aliéna jamais. Elle était, du reste, l'un des éléments, l'élément
principal de l'édifice impérial qu'il construisait.

Quelques jours avant l'entrée du pape à Paris, Melzi et la
Consulte de Milan y arrivèrent eux-mêmes, après un voyage
fatigant ; ils descendirent de voiture au milieu de la nuit. Napoléon l'apprit et tout de suite il manda Melzi, avec lequel il eut
une conversation de plus de quatre heures ; alors seulement il le
laissa se coucher[2]. Il remit d'ailleurs ses conclusions à plus tard.

Le sacre eut lieu le 2 décembre. La cérémonie fut très imposante ; ce n'est pas ici le lieu d'en redire les détails, ils sont connus.
Elle renouvela le souvenir des temps de Charlemagne ; c'était
encore le pape de Rome qui présidait à la restauration de l'empire
d'Occident. Charlemagne avait pris la couronne de fer des rois
lombards avant de devenir empereur ; Napoléon ne pouvait être
vraiment empereur, après le sacre pontifical, que s'il prenait
aussi la couronne d'Italie. Otton le Grand, le fondateur du Saint-
Empire romain germanique, était venu prendre ensemble en
Italie la couronne lombarde et la couronne impériale. C'est un
fait historique que la couronne que donne le pape est le symbole
de la domination de l'Europe occidentale, qu'elle a un caractère
en quelque manière universel, comme la religion catholique elle-
même. Un empereur n'est pas un roi ; il y a un roi pour chaque
nation, sacré par un évêque national ; un empereur gouverne les
nations, il règne en principe sur le monde ; il ne peut y avoir en
vérité qu'un empereur. N'est-ce pas aussi l'antique tradition de
l'Empire romain ?

Est-il nécessaire de chercher ailleurs les causes de la forma-

<hr>

1. Aff. étr., *Corr. de Milan*, n° 60, pièce 304 bis.
2. Melzi, I, 321.

tion d'une nouvelle coalition contre Napoléon? La cause suffisante est dans son titre impérial, parce que pour lui ce n'était pas un vain titre et qu'il prétendait lui donner tout son sens.

Certes, la diplomatie de l'Angleterre et ses promesses de subsides contribuèrent puissamment à armer encore une fois l'Europe contre la France; mais elle n'y aurait peut-être pas réussi si Napoléon n'avait pas de son côté justifié par ses entreprises toutes les inquiétudes. Car il lui reste toujours la principale part de la responsabilité dans les longues années de guerre qui suivirent son avènement au trône impérial et qui y étaient renfermées en germe.

L'Autriche, naturellement, fut la plus émue de ces nouveautés, parce qu'elle en était la plus menacée, et, dès le lendemain du sacre, elle redoubla ses préparatifs militaires; le gouvernement français y porta toute son attention.

La France n'avait alors à Vienne qu'un chargé d'affaires, M. Dodun. Le 11 nivôse (1ᵉʳ janvier 1805), M. de la Rochefoucauld, ministre de France à Dresde, fut nommé d'urgence ambassadeur à Vienne et invité à s'y rendre immédiatement :

Les motifs, disait Talleyrand, qui ont engagé Sa Majesté Impériale à vous prescrire de vous rendre immédiatement à Vienne, pour y entrer en exercice de l'honorable fonction qu'Elle vous a confiée, se trouvent dans les rassemblements extraordinaires de troupes que l'Autriche fait dans la partie de ses États qui avoisine l'Italie. On parle d'un cordon de 12,000 hommes, d'un nouveau grade donné à M. de Chantecler, qui doit les commander, du rappel de M. de Mack. La présence d'un ambassadeur à Vienne devient d'autant plus nécessaire qu'il ne faut peut-être que quelques explications pour détruire dans leur principe des sollicitudes qui, en se prolongeant, pourraient porter préjudice à la bonne harmonie des deux États[1].

Dans les jours suivants, des lettres de Venise, de Trieste, informaient le gouvernement français des grandes dispositions militaires qui étaient prises dans la région :

Il arrive des troupes dans le Frioul; on prépare des logements le long du Tagliamento pour 34,000 hommes; on assure qu'il vient par le Tyrol 30 à 33,000 hommes pour border l'Adige. Toutes ces troupes ont, dit-on, des trains de grosse artillerie; on a arrêté ici (à Venise) toutes les barques de l'Adige pour porter des farines à Vérone. On

1. Aff. étr., *Corr. Vienne*, nᵒ 376 (11 nivôse). Talleyrand à La Rochefoucauld.

arme dans l'arsenal. On organise toute une escadre de petits bâtiments pour croiser dans l'Adriatique. Il arrive à Trieste, dans l'Istrie et la Croatie, 18,000 hommes de troupes autrichiennes commandées par le prince de Rosenberg qui a son quartier général à Trieste. On parle ici d'un camp de 60,000 hommes qui doit avoir lieu au printemps prochain sur les bords de la Piave; on raisonne beaucoup sur un rassemblement de troupes aussi considérable. Un officier écrit de Bohême que l'on dégarnit cette partie de troupes et qu'on en a fait partir trois régiments pour l'Italie. Le général Bellegarde, sous le prétexte du camp de Pordenone, augmente le nombre des chevaux de son écurie.

Ces renseignements n'avaient rien d'absolument précis; on est généralement disposé à grossir ces chiffres d'opérations militaires pour augmenter l'importance de la nouvelle et parce que l'émotion en pareil cas transforme aisément les compagnies en régiments. Il n'est pas douteux pourtant qu'il y eut des mouvements de troupes dans les provinces autrichiennes de l'Italie. Le chancelier Louis de Cobenzl en écrivait à Talleyrand, le 23 janvier, qu'il s'agissait uniquement d'un cordon sanitaire à établir dans la région du Pô contre la contagion de la fièvre jaune qui sévissait à Livourne. Il profitait de l'occasion pour offrir à son « ancien camarade » (il avait connu Talleyrand au collège) quelques faisans de Bohême pour sa table, et il se moquait légèrement :

Vous n'avez pas voulu que le comte Philippe[1] les qualifiât de mauviettes quand il vous en a présenté de ma part; mais permettez-moi de vous représenter à mon tour que vouloir prendre pour un armement belliqueux notre cordon fébrifuge, c'est transformer des faisans non pas en mauviettes, mais en autruches.

La Rochefoucauld arriva à Vienne ce jour-là même, 3 pluviôse (23 janvier), « après un voyage aussi dur que désagréable », et il continua avec le chancelier autrichien au sujet de ces armements une conversation qui ne fut jamais concluante. Cobenzl continua d'affirmer qu'ils n'avaient aucune importance, constata que la France fortifiait aussi son armée d'Italie. Talleyrand expliqua que les armements français avaient pour cause

1. Philippe de Cobenzl, ambassadeur d'Autriche à Paris, cousin du chancelier.

les armements autrichiens, Cobenzl que les armements autrichiens avaient pour cause les armements français. La situation
ne cessa pas d'être critique entre les deux gouvernements pendant tous les premiers mois de l'année 1805; on put croire que
la coalition que préparaient les gouvernements anglais et russe
serait une chose accomplie dans ce moment.

Il faut tenir le plus grand compte de ces circonstances pour
comprendre le règlement des affaires d'Italie.

La Consulte de Milan, dès le 28 mai 1804, avait offert la couronne royale à Napoléon, et, quoique la chose fût demeurée
secrète, il paraissait vraisemblable à tous que Napoléon ne garderait pas le titre de président de la République et évident qu'il
ne renoncerait pas à l'Italie.

Le 1ᵉʳ janvier 1805, Napoléon écrivait :

Au Sérénissime et Très Puissant Empereur, Monsieur mon frère,
l'Empereur des Romains, Empereur héréditaire d'Autriche. Monsieur mon frère, plein de confiance dans les sentiments que Votre
Majesté Impériale a bien voulu me témoigner, je m'empresse de lui
écrire directement pour l'instruire des nouvelles circonstances qui
m'ont mis à même de lui donner une preuve de ma considération et
du prix que j'attache à l'union de nos deux États. De concert avec le
gouvernement de la République italienne, j'ai cédé tous mes droits
sur ce pays, que j'avais depuis la Consulte de Lyon, à mon frère
Joseph, que j'ai proclamé roi héréditaire de cette contrée, avec la
clause de renonciation à la couronne de France, comme cela fut fait
au commencement du siècle dernier pour Philippe V, de manière
que les deux couronnes ne puissent être réunies sur une même tête.
J'ai sacrifié ma grandeur personnelle, j'ai affaibli mon pouvoir; mais
j'en serai amplement récompensé si je puis avoir fait quelque chose
d'agréable à Votre Majesté.

Puis il invitait l'empereur d'Autriche à ne pas continuer à
former de nouvelles armées dans la Carniole et le Tyrol, ce qui
obligeait la France à en faire autant sur le Rhin et sur l'Adige,
et il le mettait en garde contre les instigations des Anglais, qui
avaient seuls la volonté de troubler la paix[1].

Le 2 janvier, Napoléon écrivit aussi au roi d'Angleterre, au
roi d'Espagne, au roi et à la reine de Naples. Il leur donna les
assurances les plus pacifiques, mais il ne leur parla point de son

1. *Corr. Nap.*, X, 8230.

intention de donner le trône de Lombardie à Joseph[1]. Cette
communication fut spéciale à l'Autriche. Elle fut précisée le
2 janvier aussi par une dépêche de Talleyrand à La Rochefoucauld, qui devait « faire ressortir devant le gouvernement autrichien le désintéressement de Sa Majesté et préparer la cour de
Vienne à voir de bon œil toutes les dispositions qui vont être
prises pour la formation du gouvernement de la République
italienne[2] ».

Il faut donc bien admettre que Napoléon fut particulièrement
préoccupé des dispositions de l'Autriche lorsqu'il pensa à donner la couronne d'Italie à son frère Joseph. Joseph, non seulement était désigné avec son frère Louis par le vœu de la Consulte italienne, mais surtout il était dans la famille Bonaparte
l'homme de la paix, et on lui attribuait, avec beaucoup d'exagé-
ration, un rôle de modération sur l'Empereur; on souhaitait à
l'étranger, en Angleterre notamment, qu'il en vint à succéder à
son frère sur le trône impérial pour la garantie de la paix de
l'Europe. Son nom était donc tout à fait utile pour donner
à l'Autriche l'illusion de la paix générale, pour l'endormir sur
les secrètes ambitions de Napoléon.

L'Autriche ne fut point pour cela tirée d'inquiétude; elle craignait que l'Italie ne demeurât comme une province de l'empire
de Napoléon sous le nom de son frère Joseph; au lieu de voir
dans cet avènement la séparation de la France et de l'Italie, elle
y voyait au contraire leur union définitive et une violation
du traité de Lunéville, qui avait garanti « l'indépendance de la
nation cisalpine ». Indépendance bien illusoire, en effet, sous un
prince français, sous un Bonaparte! L'Autriche, perspicace par
crainte, vit plus clair dans le jeu de Napoléon que les historiens
qui ont essayé de le découvrir. Elle fit immédiatement les plus
grandes réserves; dès le 23 janvier, le chancelier Louis de
Cobenzl demanda à La Rochefoucauld des explications complémentaires sur la nouvelle condition de l'Italie, sur le choix de
Joseph, sur le concert qui serait établi entre le gouvernement
français et le gouvernement italien, sur les moyens de la séparation des deux couronnes.

L'Autriche a reconnu les résolutions de la Consulte de Lyon. Mais

1. *Corr. Nap.*, X, 8252, 8253, 8251 et 8255.
2. Aff. étr., *Corr. Vienne*, n° 378 (12 nivôse).

la présidence temporaire qui en est résultée alors n'impliquant ni droit héréditaire, ni droit de souveraineté, ni la faculté de les transmettre, l'Empereur Napoléon trouvera sans doute conforme à l'équité que le nouvel arrangement soit revêtu des formalités propres à constater le libre assentiment des parties constitutives du gouvernement actuel de la République italienne.

En d'autres termes, il faudra que le nouvel état de choses soit soumis à l'approbation de la nation italienne elle-même.

Cobenzl continuait :

La renonciation du prince Joseph à la couronne de France et la clause qu'elle ne sera jamais réunie à celle du nouveau royaume qu'il est question d'établir sont assurément des points essentiels et qui contribuent à en empêcher la dépendance immédiate de l'Empire français; mais la considération qu'elle n'en formerait pas moins une partie du domaine de la maison régnante en France semble ne rendre que plus indispensables des arrangements propres à éloigner toute dépendance de fait. On connaît les alarmes que l'établissement d'une branche cadette des Bourbons sur le trône d'Espagne causa jadis à toute l'Europe, et l'on sait que l'indépendance de fait des deux branches fut établie de la manière la plus assurée.

L'Autriche demandait encore des éclaircissements sur le sort des autres républiques de l'Italie, sur les limites du nouveau royaume :

Co-garante, par le traité de Lunéville, de l'état de choses qu'il s'agit de changer, il lui était impossible d'adhérer à des arrangements dont elle ne connaissait ni le mode ni l'étendue[1].

Huit jours plus tard, le 10 pluviôse, La Rochefoucauld annonçait que sans doute le changement en faveur de Joseph ne souffrirait pas de grandes difficultés, mais qu'il fallait s'attendre à ce que l'Autriche demandât en compensation une augmentation de territoire, par exemple Mantoue; ce n'étaient d'ailleurs encore que des bruits vagues qui couraient parmi les chefs du gouvernement. Talleyrand relevait aussitôt vigoureusement ce qu'il y « avait d'inconvenable (*sic*) » dans une pareille insinuation :

La France n'acquiert pas le plus léger accroissement de territoire ou de force. Vous ne devez pas laisser subsister une prétention aussi

---

1. Aff. étr., *Corr. Vienne*, n° 376 (3 pluviôse). La Rochefoucauld à Talleyrand.

peu fondée que celle qu'aurait la cour de Vienne de tirer pour son propre compte avantage de quelques dispositions organiques qui seraient prises dans la République italienne et qui par leur nature ne devraient qu'être agréables à l'Autriche[1].

Talleyrand écrivait cela le 7 ventôse (26 février 1805), et, à cette date, il y avait déjà longtemps que la combinaison Joseph avait été abandonnée. Elle avait duré assez pour tenir l'Autriche dans l'indécision et la préparer doucement à d'autres changements. Elle aurait dû savoir gré à Napoléon de ces ménagements.

Joseph avait en effet refusé la couronne d'Italie.

Voici comment il raconte l'événement dans le fragment historique qu'il écrivit lui-même en 1830 et qui fait le premier volume de ses *Mémoires*[2] :

Quelque temps avant d'accepter cette couronne pour lui-même, Napoléon me proposa de la placer sur ma tête, à la condition de payer à la France un subside annuel de trente millions qui eussent été consacrés à l'entretien d'une armée de 30,000 hommes. M. Melzi vint aussi m'en faire part à Mortfontaine[3]. A mon retour à Paris (c'était un dimanche), aux Tuileries, l'archichancelier m'en parla comme d'une chose convenue, qui lui avait donné quelque peine, mais enfin qu'il était parvenu à déterrer l'original de la renonciation qu'on avait exigée de Philippe V et qu'il l'apportait à l'Empereur. Celui-ci, sortant dans ce moment de son cabinet, me parla du projet de la Lombardie.

On voit que la proposition n'était pas très ferme. Joseph continue :

Éclairé par l'indiscrétion de Cambacérès, je me montrai récalcitrant, appuyé sur ce que je croyais être mon devoir en restant exclusivement enchaîné à la France; d'autant plus que le vote populaire ne s'étant porté que sur moi et sur notre frère Louis, dont la santé était assez chancelante, je ne pensai pas qu'il fût convenable d'éluder le vœu populaire, car enfin sans héritiers il n'y a pas d'hérédité.

Napoléon soupçonna l'indiscrétion de Cambacérès; il prit la couronne pour lui-même, ne me conserva aucune rancune pour mon

---

1. Aff. étr., *Corr. Vienne*, nᵒ 376 (10-13 pluviôse, 7 ventôse).
2. *Mémoires de Joseph*, édition Du Casse, I, 92.
3. Voir plus haut, ce que pensait Melzi en 1801 de l'établissement de Joseph en Italie.

refus, et depuis, à Naples comme en Espagne, il proposa toujours
de me laisser avec la France les rapports que lui-même, les autorités
et près de quatre millions de Français m'avaient donnés.

Or, l'éditeur des *Mémoires de Joseph*, M. Du Casse, louant
son héros, ajoute, sans preuve, « qu'outre cette cause, le prince
Joseph, dans les vues d'une saine politique, et surtout dans l'intérêt des peuples qu'il était appelé à gouverner, n'aurait vrai-
semblablement (!) accepté cette couronne qu'avec des conditions
que Napoléon ne paraissait pas disposé à accorder ». Le subside
annuel affirmait la pensée de lier la Lombardie à la France,
Joseph ne s'y serait point prêté; avec Melzi, il voulait incorpo-
rer à la Lombardie Gênes et Venise (Venise était alors à l'Autriche); il ne voulait pas n'être qu'un préfet, un commissaire
impérial. Et M. Du Casse admire la généreuse résolution et le
noble caractère de Joseph.

M. Frédéric Masson en tire une preuve de la conception du
clan qu'il attribue à Napoléon[1]. Il affirme qu'il fut toujours, lui
puîné, embarrassé d'occuper un rang supérieur à son aîné et
qu'il ne devait se tenir quitte envers lui qu'après l'avoir placé
ailleurs et satisfait. Tout de même, il ne lui céda pas la couronne
impériale; c'eût été pourtant son devoir de puîné. Il le renferma
assez durement alors dans ses fonctions de colonel et lui refusa
le privilège, pourtant modeste, d'avoir un aide de camp[2]. Du
moins, il le pria d'accepter la couronne d'Italie; il espéra un
moment l'avoir satisfait, et, en grande joie de cet événement
capital, il fit préparer le pacte de famille où allait se résoudre
enfin cet obsédant problème politique. Du même coup, il contentait l'Autriche, car, dit encore M. F. Masson, l'Autriche veut
bien que la Lombardie entre dans le système napoléonien, car
elle sait ce que durent les systèmes d'alliance politique; ainsi,
« combien de temps a-t-il fallu à l'Autriche pour avoir raison du
système de Louis XIV? Combien, plus récemment, pour mettre
à néant le pacte de famille? » Outre qu'on ne voit pas bien que
l'Autriche ait si facilement ni si rapidement mis à néant le pacte
de famille de 1761 et le système politique de Louis XIV, qui en
était le principe, il semble aussi que le système de ces alliances
politiques, fondées sur les liens du sang, ait eu maintes fois

1. F. Masson, *Napoléon et sa famille*, III, ch. xv, p. 7 et suiv.
2. *Corr. Nap.*, X, 8550, 8761-8762, 8363 (avril-juin 1805).

quelque importance dans l'histoire et que les Habsbourg d'Autriche en fournissent eux-mêmes des exemples assez remarquables, en sorte que le raisonnement de M. F. Masson n'est pas convaincant. Aussi bien venons-nous de voir dans les dépêches de Vienne que l'Autriche ne prenait pas si aisément son parti du système politique de Napoléon.

D'ailleurs, on nous dit, après Joseph lui-même en ses *Mémoires*, qu'il refusa la couronne d'Italie pour conserver ses droits sur la couronne impériale. Or, qu'on lise dans Rœderer[1] les pièces qui lui furent remises par le prince Joseph, qui aimait à le consulter et qui l'emmena avec lui à Naples. Il en résulte que Joseph renonçait à la couronne impériale comme roi d'Italie, c'est-à-dire qu'il ne pouvait pas être à la fois roi d'Italie et empereur; mais, si Napoléon venait à mourir sans héritier, Joseph conservait le droit de lui succéder sur le trône impérial en abandonnant la couronne d'Italie.

Il y a, aux archives des Affaires étrangères et aux Archives nationales, plusieurs projets de pacte de famille entre lesquels on peut choisir; l'un donne à Joseph le titre de roi de Lombardie pourvu qu'il renonce à tous droits sur la couronne de France; un autre annexe à la Lombardie de Joseph Parme, Plaisance et la partie du territoire génois située à l'est des rivières Trebbia et Lavagna; un autre ne cède que Parme et Plaisance, sans territoire génois; un autre déclare, à peu près comme Rœderer, que le prince Joseph pourra succéder au trône de France, qu'en ce cas la couronne de France reviendra à la descendance du prince Louis, que même l'empereur Napoléon se réserve le droit d'appeler le prince Joseph au trône de France si le bien de son empire l'exigeait[2].

Il est impossible de fonder des conclusions fermes sur cette masse de documents contradictoires; il faut s'en tenir aux faits solides qui résultent des *Mémoires de Joseph* (en n'oubliant point qu'ils ont été écrits en 1830) et de la conduite que Napoléon tint ensuite. Il est certain que Joseph reçut, plus ou moins formellement, l'offre de la couronne d'Italie, qu'il objecta ses droits à la couronne impériale, qu'on causa quelque temps de cette affaire dans les chancelleries ou dans les parlotes

1. III, 520, 522.
2. Aff. étr., *Corr. de Milan*, n<sup>os</sup> 60 et 61. — Arch. nat., AF iv, 1709.

de la Consulte italienne alors à Paris, qu'on s'y intéressa à l'étranger, puis que Napoléon y renonça. Joseph conserva le droit de se vanter dans ses *Mémoires* et ses admirateurs le droit de le louer d'avoir refusé la couronne d'Italie. Mais pour qu'on pût affirmer qu'il se posa dans cette occurrence en frère aîné dont Napoléon devait respecter les droits de naissance et que ce fut Napoléon qui fut « joué » par ce refus, il faudrait d'autres preuves ; il faudrait aussi que Joseph n'eût pas accepté un an après la couronne de Naples dans des conditions de dépendance pareille. Il est bien plus vraisemblable, d'après tout ce qui précède, sans que nous puissions donner à cet égard une affirmation sans réserve, que si Napoléon avait absolument tenu à donner l'Italie à son frère, celui-ci ne l'aurait pas longtemps refusée, mais que Napoléon ne tenait pas à donner l'Italie à qui que ce soit.

Il existe aussi un projet de décret, qui fut présenté à la Consulte, en faveur du fils aîné de Louis Bonaparte et d'Hortense de Beauharnais[1]. Napoléon l'adoptait et le nommait roi d'Italie sous le nom de Napoléon II. Mais Napoléon I$^{er}$ était régent, en son nom, jusqu'à sa majorité. Même il préférait rester lui-même roi d'Italie, au moins jusqu'à la paix générale, et ne proclamerait qu'alors le jeune Napoléon II. Mais, d'après M. Masson lui-même, Joseph avait refusé la couronne d'Italie le 27 janvier ; Louis, mis au courant des honneurs réservés à son fils, se fâcha, déclara qu'il gardait pour lui seul sa femme et ses enfants, qu'il ne voulait pas d'adoption. Cette proposition, cette grande colère de Louis furent l'affaire de quarante-huit heures, et, le 30 janvier, Napoléon, « joué » par ses frères, se rejeta vers les Beauharnais[2]. Le 1$^{er}$ février, Eugène était nommé archichancelier d'État. Il y a même aux Archives un projet de décret qui le nomme prince de Parme et de Plaisance[3].

Nous n'avons pas à faire fond sur toutes ces intrigues, où les frères de Napoléon se sont donné le beau rôle ; Napoléon a songé, plus ou moins sérieusement, à donner la couronne à son frère Joseph ou à son neveu Napoléon II, mais il ne s'est pas tenu à cette idée. Elle lui permettait de sonder les dispositions de la cour de Vienne, de calculer le degré de son opposition aux arrangements à intervenir en Italie. L'Autriche avait signé, le 4 novembre 1804,

1. Aff. étr., *Corr. de Milan*, n° 61, p. 40-42.
2. F. Masson, *Napoléon et sa famille*, III, ch. xv.
3. Arch. nat., AF ıv, 1702.

avec la Russie, un traité dont il connaissait mal les conditions; elle avait aussitôt armé; s'il prenait tout d'un coup, avec le titre impérial, le titre aussi de roi d'Italie, pour lui-même, n'était-ce pas de quoi hâter la coalition européenne qu'il redoutait alors? Il n'était pas tellement sûr de la soumission de l'Italie elle-même; il ne fallait pas tout risquer en procédant avec trop de précipitation, et il était aussi souple diplomate que qui que ce soit de son temps. Il dosa, en quelque manière, l'amertume du coup qu'il porta à l'Autriche. Il manifesta les intentions les plus conciliantes, renonçant à l'Italie, qu'il pouvait garder. Nul doute que, si Joseph ou Louis avait accepté l'Italie, il ne lui eût fait de telles conditions ensuite, ou ne les eût tenus, comme plus tard, si étroitement liés, qu'il serait quand même resté le maître. Mais, en vérité, lui seul, étant empereur, pouvait être roi d'Italie; maître de la couronne de Charlemagne, la couronne de fer des rois lombards ne pouvait être qu'à lui; la donner à un autre eût été un non-sens historique, il ne le commit point. Il fut content que l'on pensât qu'il la prenait malgré lui, que, ses deux frères la refusant, il fallait bien qu'il la gardât pour lui; assurément la violence qu'il se fit fut très douce.

Avec une extrême habileté, l'Empereur devint roi d'Italie et fit croire, pour ne pas effaroucher ses ennemis, que c'était par accident, que ce n'était pas le naturel complément de son titre impérial. L'Autriche ne fut pas dupe; il n'est pas nécessaire que nous le soyons. D'ailleurs, nous y devons voir la suite logique de toute cette politique italienne que nous analysons depuis Marengo. Il était trop jeune encore et trop fraîchement empereur pour abdiquer déjà une si belle part de sa puissance.

Sa résolution prise, Napoléon, dit Thiers[1], « agit en créateur qui avait fait de l'Italie ce qu'elle était et qui avait le droit d'en faire encore ce qu'il croyait utile qu'elle devînt ». Il tint grand compte des vœux de la Consulte dans la mesure où ils s'accordaient avec son ambition; mais il ne se mit pas en peine de consulter les collèges électoraux, comme Melzi et ses collègues l'avaient demandé; il ne prit point d'engagement au sujet des charges financières, dont l'Italie se plaignait; il ne promit aucune garantie de la part des puissances étrangères : la sienne devait suffire.

1. T. V, livre 21.

La Consulte, toujours réunie à Paris, fut mise au courant des volontés de l'Empereur et ne s'y opposa pas. Le 17 mars 1805, à une heure, en grand costume, elle fut reçue par l'Empereur, sur son trône, entouré de ses grands officiers. Le vice-président lut et remit le procès-verbal de la délibération, qui devint le deuxième statut constitutionnel de l'Italie, complétant le premier statut de Lyon et promulgué le jour même par le décret suivant[1] :

Napoléon, par la grâce de Dieu et les constitutions Empereur des Français et roi d'Italie, à tous ceux qui ces présentes verront, salut.

### Statut constitutionnel.

(Extrait des registres de la Consulte d'État du jour 17 mars 1805.)

La Consulte d'État, vu le vœu unanime de la Consulte et de la députation réunies, du jour 15 ;

Vu l'article 60 de la Constitution sur l'initiative constitutionnelle ;

Décrète :

Art. 1er. — L'Empereur des Français Napoléon Ier est roi d'Italie.

Art. 2. — La couronne d'Italie est héréditaire dans sa descendance directe et légitime, soit naturelle, soit adoptive, de mâle en mâle, et à l'exclusion perpétuelle des femmes et de leur descendance, sans néanmoins que son droit d'adoption puisse s'étendre sur une autre personne qu'un citoyen de l'Empire français ou du royaume d'Italie.

Art. 3. — Au moment où les armées étrangères auront évacué l'État de Naples, les îles Ioniennes et l'île de Malte, l'Empereur Napoléon transmettra la couronne héréditaire d'Italie à un de ses enfants légitimes mâles, soit naturel, soit adoptif.

Art. 4. — A dater de cette époque, la couronne d'Italie ne pourra plus être réunie à la couronne de France sur la même tête, et les successeurs de Napoléon Ier dans le royaume d'Italie devront résider constamment sur le territoire de la République italienne.

Art. 5. — Dans le courant de la présente année, l'Empereur Napoléon, de l'avis de la Consulte d'État et des députations des collèges électoraux, donnera à la monarchie italienne des constitutions fondées sur les mêmes bases que celles de l'Empire français et sur les mêmes principes que les lois qu'il a déjà données à l'Italie.

*Signé :* Napoléon, Melzi, Marescalchi, Caprara, Paradisi, Fenaroli, Costabili, Luosi, Guicciardi.

1. *Moniteur* des 27-28 ventôse an XIII. — *Corr. Nap.*, X, 8113, 8148.

Voilà tout ce qui restait du vœu de la Consulte italienne.

Le lendemain, 18 mars 1805, une grande séance impériale fut tenue au Sénat, au palais du Luxembourg, à deux heures de l'après-midi. Talleyrand y lut son rapport et le décret précédent; Melzi lut le même décret en italien. Un sénatus-consulte conforme proclama l'empereur Napoléon roi d'Italie. Les députés italiens présents prêtèrent serment de fidélité au nouveau roi.

L'Empereur enfin prononça un important discours[1] :

La force et la puissance de l'Empire français, dit-il, sont surpassées par la modération qui préside à toutes nos transactions politiques.

Nous avons conquis la Hollande, les trois quarts de l'Allemagne, la Suisse, l'Italie tout entière; nous avons été modéré au milieu de la plus grande prospérité... L'Allemagne a été évacuée... A peine conquise, la Hollande a été déclarée indépendante... La Suisse était occupée par des armées; la Suisse se gouverne par l'acte de médiation au gré de ses dix-neuf cantons, indépendante et libre... Pour la République italienne, nous avons à Lyon confirmé son indépendance; nous faisons plus aujourd'hui; nous proclamons le principe de la séparation des couronnes de France et d'Italie, en assignant, pour l'époque de cette séparation, l'instant où elle devient possible et sans danger pour nos peuples d'Italie. Nous avons accepté et nous placerons sur notre tête cette couronne de fer des anciens Lombards pour la retremper et pour la raffermir. Mais nous n'hésitons pas à déclarer que nous transmettrons cette couronne à un de nos enfants légitimes, soit naturel, soit adoptif, le jour où nous serons sans alarmes pour l'indépendance que nous avons garantie des autres États de la Méditerranée.

La position prise par l'Empereur était donc très nette : il prenait la couronne d'Italie; il proclamait le principe de la séparation des deux couronnes de France et d'Italie; il cèderait la couronne à un fils adoptif ou naturel lorsque le royaume de Naples, les îles Ioniennes et Malte seraient évacués par les armées étrangères. Pour ce cas, il avait préparé devant la Consulte l'adoption de son neveu, Napoléon II. Disons tout de suite que cet enfant est mort en 1807, que Malte est encore aux Anglais un siècle après et que, par conséquent, le principe de la séparation que proclamait l'Empereur ne fut pas très compromettant pour l'avenir de ses ambitions.

1. *Corr. Nap.*, X, 8449.

Pour l'instant, il était en bonne posture devant l'Autriche;
il avait le consentement unanime de la Consulte, il ne demandait qu'à garantir l'indépendance définitive de l'Italie; il suffisait
que l'Autriche l'aidât à obtenir l'évacuation des îles Ioniennes
par les Russes, de Malte par les Anglais. Il écrivit en ce sens à
l'empereur d'Autriche[1] :

Le statut de la Consulte d'État et des députations des collèges de
la République italienne n'est pas en tout conforme à ce que j'avais
espéré, puisque j'avais le désir bien naturel de me décharger d'un
fardeau aussi pesant pour moi. Mais le gouvernement de la République italienne a pensé que, tant qu'il y aurait des troupes russes
à Corfou et des troupes anglaises à Malte, cette séparation des couronnes de France et d'Italie serait tout à fait illusoire; car il n'y a
pas de séparation de couronnes partout où il y a une armée appartenant à une autre couronne.

Doctrine inquiétante, il y avait alors une armée française sur
le territoire napolitain.

Et il n'y a aucune possibilité que l'armée française évacue le territoire de la République italienne tant que les affaires du Levant ne
seront point arrangées. Mais j'ai voulu aujourd'hui réitérer moi-
même à Votre Majesté que, mon désir étant d'éviter de nouveaux
sujets de guerre, je suis prêt à proclamer la séparation des couronnes
de France et d'Italie aussitôt qu'il sera possible d'espérer l'évacuation
des îles de Corfou et de Malte, et que, dans aucun cas, je n'ai le
projet ni l'intention de réunir à la couronne de France celle d'Italie.

Il y a ici un mensonge dans les pensées attribuées au gouvernement de la République italienne; il peut y en avoir un autre
dans la dernière phrase.

Talleyrand écrivait de même à La Rochefoucauld de « faire
connaître les nouvelles de la Consulte inofficiellement et sans
notification » :

Dans les conversations, vous êtes autorisé à dire que l'intention de
Sa Majesté Impériale avait été, en acceptant la couronne d'Italie, de
la remettre immédiatement au prince Joseph, son auguste frère,
mais que Son Altesse Impériale n'ayant pas voulu renoncer au droit

1. *Corr. Nap.*, X, 8115.

éventuel de succession au trône de France que lui donne la loi de l'Empire Français, Sa Majesté n'a point voulu se départir du principe de la non réunion des deux couronnes de France et d'Italie sur une même tête, et qu'obligée par conséquent de renoncer au projet qu'elle avait formé, elle a dû garder le royaume d'Italie jusqu'au moment qu'elle a invariablement fixé et où elle pourra le remettre en des mains uniquement consacrées au gouvernement d'un pays dont la destinée doit demeurer à jamais indépendante de celle de l'Empire français. Vous aurez donc soin de faire ressortir la détermination de Sa Majesté comme étant un hommage au principe de la non réunion des deux couronnes.

Le ministre ajoutait de sa main en post-scriptum : « Je vous répète qu'il ne faut aucune écriture sur tout ceci. » Et ce post-scriptum a aussi de l'intérêt [1].

L'Autriche ne fut pas satisfaite ; elle continua ses armements ; une nouvelle organisation de l'armée fut confiée aux soins des généraux Mack et Latour, réputés les plus ardents partisans de la guerre. L'empereur François fit des préparatifs de voyage en Italie. L'agent autrichien à Milan, le baron de Moll, répandit le bruit que le refus du prince Joseph ne manquerait pas d'amener une déclaration de guerre ; il reçut aussitôt ses passeports et fut invité à quitter la ville [2].

Les négociations entre l'Autriche et la Russie prirent une nouvelle activité. Il paraît qu'on agita à la cour de Russie le projet d'un remaniement général de l'Europe contre Napoléon ; il s'agissait de fonder un royaume des Deux-Belgiques et surtout une Confédération italienne, comprenant le royaume subalpin (Piémont, Milan, Gênes et Venise réunis), le royaume d'Étrurie, laissé à l'Espagne, le pape et les Deux-Siciles. Le chef de la Confédération serait à tour de rôle le roi de Subalpine et le roi des Deux-Siciles [3].

En attendant, on était fort inquiet en Italie à la nouvelle des événements du 18 mars et du prochain voyage de Napoléon à Milan. On reprochait au pape d'être allé sacrer l'Empereur à

1. Aff. étr., *Corr. Vienne*, nᵒ 376, fol. 262.
2. Arch. nat., AF IV, 1631 (Marescalchi à l'Empereur, 20 avril 1805). — *Corr. Nap.*, X, 8589-8590.
3. Thiers, t. V, livre 21.

Paris; on répandait dans Rome des petits papiers que l'on collait aux portes des maisons :

> Pio (VI) per conservar la fede perde la sede,
> Pio (VII) per conservar la sede perde la fede.

On faisait circuler la description d'une médaille que l'on disait frappée à Milan avec cette légende : « Napoleo rex totius Italiae[1]. » Après avoir annoncé que le pape ne reviendrait pas à Rome (car il n'y rentra que le 16 mai), on prédit que l'Empereur réservait la tiare à quelque personne éminente de sa maison. On parlait à tort et à travers d'une alliance entre Florence, Rome et Naples; on disait que la reine d'Étrurie et le roi de Naples viendraient à Rome sous prétexte de féliciter le pape de son heureux retour. Mais on disait aussi que l'Empereur pourrait bien venir de Milan à Rome, et l'on craignait que ce voyage ne ressemblât point à celui de Charlemagne en l'an 800, car le nouvel empereur d'Occident n'était qu'au début et non au couronnement de sa carrière.

D'avril à juin 1805, le *Moniteur* est rempli de centaines d'adresses de félicitations et de reconnaissances envoyées au nouveau roi de tous les points de son royaume. Il n'est pas question de leur attribuer une valeur d'absolue sincérité. Il convient d'en rapprocher des renseignements non moins officiels.

La Consulte, revenue à Milan, dit, dans un mémoire à l'Empereur-roi, le 15 avril :

> L'état des départements, plus encore celui de la ville de Milan, relativement au nouvel ordre de choses, est une apathie profonde, avec cette différence pourtant que les départements pourraient être facilement remués et échauffés au moindre avantage qui leur serait proposé, au lieu que Milan, dont les habitants, quoique bons, ont par tempérament un peu d'inertie, et par l'effet des mauvaises préventions qui s'y sont établies plus qu'ailleurs, demeure toujours difficile à émouvoir et à exciter.

Dans le même temps, Marescalchi, qui précédait l'Empereur à Milan pour préparer les voies, lui écrivait :

---

1. Aff. étr., *Corr. Rome*, n° 938; voir la correspondance d'Artaud et d'Isoard.

Il y a bien des obstacles à surmonter. Je trouve les portes des grands seigneurs fermées, les esprits préoccupés par les préventions les plus funestes et les plus ridicules... Enfin, il n'y a que la présence de Votre Majesté qui puisse opérer le prodige de les convaincre et de les ramener. J'espère pourtant de réussir à faire organiser une garde d'honneur[1].

On redoutait surtout, et on avait à cela quelque raison, que ces événements n'amenassent entre la France et l'Autriche de nouvelles hostilités, dont l'Italie, par sa situation, souffrirait plus que tout autre pays; elle était lasse d'être un champ de bataille, toujours piétiné et ensanglanté.

Le voyage de Napoléon dissipa un moment ces soucis dans la grandeur du spectacle et les magnificences du couronnement. L'Empereur quitta Saint-Cloud le 31 mars. Par Troyes, Semur, Châlon-sur-Saône, Mâcon, Bourg, il arriva à Lyon pour les fêtes de Pâques, auxquelles il assista en grande cérémonie à la cathédrale. Par Chambéry et Modane, il prit la route du Mont-Cenis et séjourna du 20 au 29 avril en son château de Stupinigi, près de Turin. Il s'y rencontra avec le pape, qui regagnait Rome.

Puis il vint à Alexandrie. Il y reçut les meilleures nouvelles, des lettres très satisfaisantes de l'empereur d'Autriche, du roi de Prusse et du roi d'Espagne au sujet des événements d'Italie. Il en témoigna une grande joie et ordonna qu'on en fît part aux journaux de Milan, mais « sans affectation[2] »; — il ne fallait pas paraître avoir craint des complications diplomatiques. — Cela était fait, en tout cas, pour calmer les esprits à Milan et dans toute l'Italie; cela assurait au voyage impérial la sérénité qui convenait. Cependant, la Russie venait de s'accorder avec l'Angleterre le 11 avril, comme précédemment avec l'Autriche; la troisième coalition se nouait, mais on ne le sut pas encore.

Une armée de 25 à 30,000 hommes avait été réunie d'avance dans la plaine d'Alexandrie « pour s'y enivrer avec son chef de l'orgueil de son ancienne gloire, pour puiser une ardeur nouvelle dans la commémoration du passé[3] ». Napoléon, sur un

1. Sclopis, 77-78.
2. *Corr. Nap.*, X, 8075, 8679.
3. Bignon, IV, ch. xlv.

trône élevé au-dessus de la plaine de Marengo, y assista à un simulacre de bataille conduit par le maréchal Lannes. L'armée défila devant lui, rendant hommage à sa grandeur, et lui fit cortège pour la pose de la première pierre d'un grand monument. Ce devait être une pyramide toute en grosses pierres, afin d'être à l'abri du temps, à l'image de la grande pyramide d'Égypte, mais dans des proportions moindres. Elle devait être aussi assez grande pour avoir une belle salle intérieure, obscure, où, sur des tables de marbre, devaient être écrits les noms des soldats morts[1];

Je ne verrai aucun inconvénient, écrit Napoléon au maréchal Berthier, à ce que sur une table de marbre soit le plan figuré de la bataille. Il n'y aura pas besoin d'escalier pour monter sur la Pyramide; qu'on y monte de bloc en bloc comme sur celle d'Égypte.

D'autres petits monuments ou des inscriptions sur des tables de marbre furent établis de même à Montenotte, Dego, Mondovi. L'Empereur reprenait tous les souvenirs les plus glorieux de sa carrière, de Montenotte à Marengo; à défaut de la consécration du temps, il leur donnait celle de la lointaine Égypte des Pharaons; il savait admirablement évoquer, au service de sa jeune gloire, les plus merveilleux tableaux du passé.

L'Empereur arriva le 6 mai à Mezzana-Corte, sur le Pô; il y fut reçu par Melzi, Jourdan, commandant en chef de l'armée d'Italie, et le préfet de l'Olona. A Pavie, il descendit chez le marquis Botta, « qui, à vrai dire, se souciait fort peu de voir sa maison transformée en palais impérial à l'usage de Napoléon[2] ». Il arriva le 10 mai à Milan et y résida un mois.

Il y tint sa cour avec l'impératrice Joséphine. Il y reçut les hommages des collèges électoraux, de nombreux ambassadeurs, de Portugal, d'Espagne, de Prusse, non pas d'Autriche. Le ministre prussien, Lucchesini, lui apporta les décorations de l'Aigle noir et de l'Aigle rouge, et Napoléon affecta de s'en parer publiquement. L'envoyé de Naples, prince de Cardito, fut assez mal traité; Napoléon avait beaucoup à se plaindre de la reine de Naples, « la moderne Athalie, fille de Jézabel ». Il paraît qu'il avait été question de marier la princesse Amélie

1. *Corr. Nap.*, X, 8688.
2. Botta, V, 13.

de Naples avec Eugène de Beauharnais et que la reine s'était écrit qu'Eugène Beauharnais n'avait pas de rang dans le monde; mais, surtout depuis le retour des troupes françaises dans le royaume de Naples, elle dissimulait à peine son hostilité à l'égard de la France et elle appelait de tous ses vœux une intervention anglaise ou russe à Naples. Napoléon lui donna un avertissement vigoureux par la violence, en partie jouée, de sa colère contre le prince de Cardito. On sait qu'il aimait ces brutales manifestations de son courroux[1].

Cependant, on préparait le grand acte du couronnement. On apporta de Monza la couronne de fer des anciens rois lombards, celle-là même que Charlemagne et Otton le Grand avaient portée, qui avait été pour eux le complément de la couronne impériale. En son honneur, l'Empereur fonda l'ordre de la Couronne de fer. Les préparatifs de la cérémonie furent suivis par la population milanaise avec les sentiments de la plus vive curiosité et d'une sorte d'orgueil, qui réchauffèrent peu à peu la première froideur et effacèrent les inquiétudes.

On raconte bien que la police, pour éviter des cris malsonnants, inventa d'exiger des billets pour entrer à la cathédrale, que l'agent préposé à la distribution de ces billets, un certain Galloni, courtier de galanteries et de billets de théâtre, donna les meilleures places à des filles publiques, ainsi confondues avec les princesses et les grandes dames, qui s'en plaignirent. Botta écrit bien que Joséphine et Élisa y étaient « brillantes de diamants, qu'elles auraient dû montrer en Italie moins que partout ailleurs[2] ». Botta est une mauvaise langue, et ce sont là des expressions d'impuissante colère qui font ressortir davantage l'éclatante majesté de toute la cérémonie.

Talleyrand était aux fêtes de Milan, et il s'exprime ainsi dans ses Mémoires[3] :

La nouvelle guerre dans laquelle Bonaparte se trouvait engagé avec l'Angleterre exigeant l'emploi de toutes ses ressources, il ne fallait que la prudence la plus vulgaire pour ne rien entreprendre qui pût exciter les puissances du continent à faire cause commune

1. Aff. étr., *Corr. Vienne*, n° 377, fol. 23. — Bignon, IV, 222. — Lefebvre, II, 58-60.
2. Botta, V, 16-17.
3. I, 221.

avec son ennemie. Mais la vanité l'emporta encore. Il ne lui suffisait
plus d'avoir été proclamé, sous le nom de Napoléon, Empereur des
Français, il ne lui suffisait pas d'avoir été sacré par le Souverain
Pontife, il voulait encore être roi d'Italie, pour être Empereur et roi,
aussi bien que le chef de la maison d'Autriche. En conséquence, il
se fait couronner à Milan, et, au lieu de prendre simplement le titre
de roi de Lombardie, il choisit le titre plus ambitieux, et par cela
même plus alarmant, de roi d'Italie, comme si son dessein était de
soumettre l'Italie entière à son sceptre.

M. de Talleyrand ne manquait pas de finesse.

Nous n'avons pas trouvé sur le couronnement de Milan de
récit plus intéressant et plus émouvant, par endroits, que celui
que M. de Talleyrand en fit lui-même à M. de La Rochefoucauld ; il mérite de demeurer le récit classique de ce grand événement :

Sa Majesté l'Empereur des Français vient, Monsieur, d'être cou-
ronnée roi d'Italie. Le 2 prairial (22 mai), la couronne de fer des
anciens rois Lombards, déposée à Monza depuis quatorze siècles,
avait été solennellement transférée à Milan. Le 6, à la pointe du
jour, des salves d'artillerie, le son des cloches, l'empressement des
habitants et des étrangers accourus de tous les États voisins annon-
cèrent la fête du nouveau couronnement.

La cathédrale de Milan, l'une des plus vastes et des plus belles de
l'Europe, avait été disposée pour la cérémonie. Deux trônes y étaient
préparés, l'un vers l'entrée de la grande nef, riche, majestueux, élevé
sur une estrade de vingt-six degrés où pouvaient se déployer la
pompe du souverain et tous les premiers ordres de l'empire et de la
monarchie, l'autre disposé simplement au pied du sanctuaire où
toutes les cérémonies du sacre allaient s'accomplir.

Une tribune était placée sur la droite pour Sa Majesté l'Impératrice, une seconde tribune pour Leurs Altesses Impériales Madame la
princesse Élisa et le prince Eugène. Le siège de Son Éminence le
cardinal Caprara, archevêque de Milan, légat du Saint-Siège près de
Sa Majesté, était placé sous un dais à la gauche du sanctuaire. Les
cardinaux, les archevêques, les évêques du royaume d'Italie, tout le
clergé appelé aux cérémonies du sacre avaient leurs rangs autour de
l'autel. Une tribune était élevée près du grand trône pour les ambassadeurs et ministres étrangers, qui étaient venus, au nom de leurs
gouvernements, féliciter Sa Majesté sur son avènement à la couronne
du royaume d'Italie. D'autres tribunes réservées aux collèges élec-

toraux, au Corps législatif, à toutes les premières autorités administratives et judiciaires régnaient sur les côtés de la grand nef et dans toute sa longueur. Des gradins étaient disposés en avant, et toutes les places étaient occupées, depuis l'entrée jusqu'au sanctuaire, mais sans confusion et sans désordre, par un concours de 20,000 spectateurs, lorsque Sa Majesté l'Impératrice, précédée de Son Altesse Impériale la princesse Élisa, fit son entrée à 11 heures et demie du matin.

Son Éminence le cardinal-archevêque de Milan, les cardinaux, les évêques, tout le haut clergé du royaume d'Italie étaient allés recevoir jusqu'aux portes de l'Église Sa Majesté l'Impératrice. Elle fut accueillie par les plus vifs applaudissements; on se félicitait de voir l'auguste épouse de l'Empereur; sous son brillant diadème, on lui trouvait encore l'empire de la dignité et de la grâce, et Madame la princesse Élisa avait aussi part à ce concert de louanges, qui partait du cœur.

Bientôt une salve d'artillerie annonça que Sa Majesté l'Empereur et roi sortait des appartements du palais; un long pavillon blanc, dont les draperies liserées de drap d'or se relevaient sur les côtés avec élégance, s'étendait, en forme de galerie, du palais aux portes de l'Église; Sa Majesté le traverse au milieu des acclamations du peuple, et les voûtes du dôme retentissent de celles des spectateurs, lorsque Sa Majesté, environnée de ses plus illustres sujets, de toutes les marques de sa puissance et de la gloire de ses triomphes, s'avance avec la couronne, le sceptre, la main de justice et le manteau impérial, de l'entrée du dôme aux marches de l'autel où l'attend la couronne de fer.

Les insignes de Charlemagne, ceux du royaume d'Italie, les honneurs des deux puissances étaient portés par les grands officiers de l'Empire et du royaume. L'épée de Charlemagne y brillait pour la seconde fois; mais on ne l'avait vue dans ses mains que teinte du sang de la conquête : ce monarque avait détruit un royaume pour fonder le sien; ici l'Empereur était appelé par les vœux de cinq millions d'hommes; il arrivait au milieu de la paix du continent et toutes les puissances le saluaient roi d'Italie.

Lorsque Son Éminence M. le cardinal Caprara commença les prières pour appeler sur le nouveau roi les bénédictions du ciel, le ministère qu'il remplissait et sa voix altérée par son émotion firent succéder aux élans de l'enthousiasme un profond recueillement. Chacun fit des vœux pour les longues années de l'Empereur et roi et demanda du fond de son cœur la conservation de celui sur lequel reposaient les destinées de quarante millions d'hommes.

L'épée d'Italie, la main de justice, l'anneau, le sceptre, le manteau royal furent bénis par Son Éminence, qui les présenta successivement à Sa Majesté l'Empereur et roi. Sa Majesté l'Empereur et roi prit alors sur l'autel la couronne de fer, l'essaya sur sa tête, et, après cette prise de possession, plaça sur son front, déjà ceint de la couronne impériale, celle du royaume d'Italie.

Ce fut un signal de nouvelles acclamations. Elles accompagnèrent Sa Majesté du sanctuaire au grand trône, où Elle alla se placer pendant la continuation du service divin, et, comme si l'on eût cherché de nouveaux auspices de bonheur et de gloire pour le royaume d'Italie, on vit avec un sentiment d'orgueil et de confiance la couronne de cette monarchie soutenue par celle de l'Empire français.

Sa Majesté, au moment de l'offertoire, traversa de nouveau la basilique, pour se rendre du trône à l'autel. La première entrée avait été une marche de triomphe; son cortège prenait un nouveau caractère. Huit dames du royaume d'Italie, accompagnées d'aides de camp de Sa Majesté, après être venues au pied du trône recevoir les offrandes qui devaient être présentées à l'autel, s'y rendirent dans le même ordre et ouvrirent dans un silence religieux la marche de Sa Majesté. Les cierges, les monnaies d'or, le pain d'argent, le pain d'or, l'aiguière, qui composaient les offrandes et que les dames présentèrent à Sa Majesté, furent remis par Elle à Son Éminence qui les déposa sur l'autel.

Sa Majesté retourna au trône précédée du même cortège où se trouvait réuni tout ce qui peut toucher les hommes, la grâce, la piété, la puissance qui protège.

Après la messe, l'Empereur roi, assis sur son trône, la main levée sur les saints Évangiles, prononça le serment suivant : « Je jure de maintenir l'intégrité du royaume, de respecter et faire respecter la religion de l'État, de respecter et faire respecter l'égalité des droits, la liberté politique et civile, l'irrévocabilité des ventes de biens nationaux, de ne lever aucun impôt, de n'établir aucune taxe qu'en vertu de la loi, de gouverner dans la seule vue de l'intérêt, de la félicité et de la gloire du peuple italien. »

Le chef des hérauts d'armes dit alors à haute voix : « Le très glorieux et très auguste roi Napoléon est couronné et sur le trône. Vive l'Empereur et roi! » Tous les spectateurs répétèrent avec enthousiasme : « Vive l'Empereur et roi! »

La cérémonie fut terminée par un *Te Deum* solennel, et Leurs Majestés retournèrent au palais, dans l'ordre de leur arrivée et au milieu des bénédictions du peuple.

On a remarqué qu'en prenant la couronne de fer, l'Empereur avait dit à haute voix : « Dieu me l'a donnée. Gare à qui la touche! » Cette devise des anciens rois qui l'ont portée pourrait devenir celle d'un ordre que Sa Majesté fondera dans son royaume d'Italie; elle unit aux grâces d'un ancien dicton, moins galant, mais plus digne d'un roi que celui de l'ordre de la Jarretière, une promesse de protection et un sentiment de courage et de véritable chevalerie dont on est généralement touché. Ce vieux mot redevient neuf parce qu'il s'accorde avec le caractère et avec la puissance de Sa Majesté.

Je m'empresse d'autant plus de vous donner ces renseignements qu'ils servent en même temps à faire juger de l'opinion publique et des sentiments de respect et de vive affection dont Sa Majesté a reçu en cette circonstance de si nombreux et de si touchants témoignages [1].

Le 7 juin 1805, avant de quitter Milan, Napoléon promulgua le troisième statut constitutionnel de l'Italie, qui organisa la vice-royauté. Elle fut confiée au prince Eugène Beauharnais, que Napoléon devait adopter et qu'il présenta au Corps législatif en ouvrant ses séances [2].

Puis il partit et visita tout son royaume, par Crémone, Brescia, le camp de Castiglione, où il ordonna des manœuvres, le château de Montirone, Vérone, Mantoue, Bologne, Modène, Parme, Plaisance; il passa quelques jours à Gênes (1<sup>er</sup>-5 juillet); il y présida à des fêtes grandioses pour célébrer l'annexion de la République ligurienne à l'Empire français, qui allait décider la formation de la troisième coalition.

Derrière lui, quelques petites difficultés se produisirent d'abord. Melzi n'avait pas été nommé vice-roi, mais seulement grand chancelier du royaume d'Italie; on l'écartait derrière la magnificence du titre. Depuis, il était malade, on l'accusait de « bouder ». Tout à coup, un journal annonça son départ pour les eaux, sans que le prince Eugène eût été prévenu. Napoléon lui écrivit de Plaisance : « Mon intention est que vous répariez cette inconvenance et que vous ne partiez de Milan qu'avec l'approbation du vice-roi. » Melzi se défendit de toute mauvaise intention et assura qu'il avait toujours pensé se présenter au

---

1. Aff. étr., *Corr. Vienne*, n° 377, fol. 10. Talleyrand à La Rochefoucauld.
2. Arch. nat., AF iv, 1709. — *Corr. Nap.*, X, 8849, 8850, 8851.

vice-roi avant de partir, que le journal avait prématurément
publié le besoin qu'il avait de prendre les eaux[1].

Le Corps législatif avait conservé bien peu de liberté, il s'en
servit pour faire de l'opposition. Dès les premières séances
de juin, il se montra mal disposé au sujet des sommes nécessaires
à l'entretien des troupes françaises. Prévenu, Napoléon ordonna
la clôture de la session : « Quand ces législateurs auront un roi
pour eux, il pourra s'amuser à ces jeux de barres; mais, comme
je n'en ai pas le temps, — il écrivait cela de Boulogne, — que
tout est passion et faction chez eux, je ne les réunirai plus. » Il
disait encore un peu plus tard, en avril 1806 : « Mes peuples
d'Italie me connaissent assez pour ne devoir point oublier que
j'en sais plus dans mon petit doigt qu'ils n'en savent dans toutes
leurs têtes réunies[2]. »

Eugène lui-même était tenu très étroitement :

Je ne puis trop vous témoigner mon mécontentement de ce que
vous prononcez sur des objets que je me suis réservés... Si vous
tenez à mon estime et à mon amitié, vous ne devez sous aucun prétexte, la lune menaçât-elle de tomber sur Milan, rien faire de ce qui
est hors de votre autorité.

Et cette autorité était fort petite, car Duroc lui écrivait au
nom de l'Empereur :

Si vous demandez à Sa Majesté ses ordres ou son avis pour changer le plafond de votre chambre, vous devez les attendre, et si, Milan
étant en feu, vous lui demandez pour l'éteindre, il faudrait laisser
brûler Milan et attendre les ordres[3].

Maître désormais du royaume d'Italie, Napoléon y faisait
peser toute sa puissance, et rien ne manifeste en toute cette
conduite la pensée d'en préparer l'indépendance. Bien plutôt,
depuis Marengo, il n'a cessé de fortifier d'année en année son
autorité personnelle, et l'éloignement de Melzi est comme l'effa-
cement des apparences mêmes de la liberté italienne.

Ainsi, les scènes de Milan déterminent les caractères de

1. Melzi, II, 217-218. — *Corr. Nap.*, X, 8960.
2. *Corr. Nap.*, XI, 9018; XII, 10097.
3. *Mémoires du prince Eugène*, édition Du Casse, I, 227 (31 juillet 1805).

l'époque exceptionnellement remarquable qui avait été inaugu-
rée le 18 mai 1804 par l'élévation de Napoléon Bonaparte au
trône impérial, et il faut unir dans la même pensée, pour leur
donner toute leur valeur politique et historique, le séjour de
l'Empereur à Aix-la-Chapelle et Mayence en septembre 1804, le
sacre de Notre-Dame de Paris le 2 décembre 1804 et le couronnement de Milan le 26 mai 1805. Ces trois faits, que Napoléon a
enveloppés dans le glorieux souvenir de Charlemagne, achèvent
la reconstitution de l'empire d'Occident. Il n'y manque rien d'essentiel : l'Allemagne jouit de la « généreuse » protection de
Napoléon, ses princes ont aujourd'hui plus d'éclat et de splendeur
que n'en ont jamais eu leurs ancêtres[1]. Le pape n'a pas couronné
Napoléon, mais il l'a sacré comme son illustre prédécesseur. La
couronne de fer est posée sur le front du nouvel empereur. Il y a
là pourtant quelque chose de plus que dans l'empire carolingien,
il y a la puissance révolutionnaire qui a grandi Napoléon comme
la puissance ecclésiastique avait grandi Charlemagne, qui a
écrasé les rois, qui n'épargnera pas les empereurs, pas même
Napoléon, car elle se retournera contre lui.

1. *Corr. Nap.*, X, 8149. Discours de l'Empereur au Sénat le 18 mars 1805.
2. Ce Mémoire fait partie d'un ouvrage qui paraîtra prochainement à la librairie Félix Alcan sous ce titre : *Napoléon en Italie.*